목마르다
시순과 부활 음악 묵상집

목마르다
사순과 부활 음악 묵상집

1판 1쇄 펴냄 2018년 2월 10일

지은이 유영민
발행인 강정미
편집장 배상연
마케팅 김민수
펴낸곳 모노폴리

출판등록 2005년 8월 9일 제2005-48호
주소 (14157) 서울시 마포구 마포대로 63-8(도화동, 삼창빌딩) 1442호
대표전화 02-3272-6692, **팩스** 02-3272-6693
홈페이지 www.mpmusic.co.kr

ⓒ 유영민

ISBN 978-89-91952-33-1 (03200)
책 값은 뒤표지에 표기되어 있습니다.
파본은 구입하신 서점에서 교환해 드립니다.

목마르다

사순과 부활 음악 묵상집

유영민 지음

| 추천의 글 |

종교에 몸을 담고 있어 음악도 종교음악, 특히 가톨릭 배경을 가진 음악을 즐겨 듣습니다. 이 책을 지으신 유영민 선생님처럼 저도 계절이나 시기별로 꼭 한 번씩 듣는 음악들이 있습니다. 겨울이면 슈베르트의 《겨울나그네》전곡, 사순시기를 맞이하면 바흐의 《마태수난곡》, 로시니의 《슬픔의 성모》, 세상을 떠난 이를 기억하는 위령성월(慰靈聖月)인 11월에는 포레의 《레퀴엠》을 듣습니다.

음악 해설서는 드물지 않게 찾아볼 수 있습니다. 그에 비해 '음악 묵상집'은 드문 듯합니다. 이 책의 제목 '목마르다'는 예수님의 십자가상 일곱 마디(가상칠언) 가운데 하나입니다. 이 말씀을 만나면 곧바로 "행복하여라, 의로움에 주리고 목마른 사람들!"이라는 복음 말씀이 떠오릅니다.

이 책은 특히 바흐의《마태수난곡》과 세자르 프랑크의《십자가 위 그리스도의 마지막 일곱 말씀》, 엘가의《사도들》에 대해 섬세하고 깊은 묵상을 전합니다. 사순절이 고통과 죽음의 시기만이 아니라 부활에 대한 희망에 찬 시기임을 깨닫게 해줍니다.

회개와 정화의 시기인 사순절을 지내면서 이 책에 소개되어 있는 인류의 유산인 이 음악들과 함께, 각박한 현실 속에서 우리 마음을 정화하는 순간을 가져보시면 어떨까 합니다.

윤종국
서울대교구 홍은2동 주임신부

| 서문 |

좀 심하다 싶을 정도로 건강이 악화일로로 치닫고 있을 때, 문득 이런 생각이 들었다. 이러다가 오늘 당장 죽게 되면, 죽기 전에 이것만은 했어야 했는데, 못내 아쉬울 일은 뭐가 있을까? 가장 먼저 떠오른 것은 우습게도 얼마 전에 보았던 원목 식탁이었다. 여름 내내 울퉁불퉁한 플라스틱 식탁 앞에서 노트북과 씨름하면서 굳게 결심했었다. 크리스마스에는 좋은 식탁 하나 사서 나한테 선물해야지. 그런데 막상 마음에 드는 원목 식탁을 보니 선뜻 지갑을 열기가 힘들었다. 나한테는 좀 사치스런 가격인데, 쓰던 식탁이 부서진 것도 아니고, 한참 동안 식탁을 어루만지다가 결국 빈손으로 집에 돌아왔었다. 이럴 줄 알았으면 좋은 식탁 위에 노트북 한번 올려놓고 몇 자 끄적여보고 죽는 건데, 억울하기 그지없었다. 평소 물욕이 없다고 자신했건만, 결국 죽기 전에 가장 먼저 눈에

밝힌 것이 고작 식탁이라니, 우스꽝스럽기도 하고 쑥스럽기도 했다. 내 마음을 누가 훔쳐봤을 세라, 얼른 모른 척하며 표정 관리에 들어갔다.

그 다음으로 떠오른 것이 바로 이 책이었다. 사순절 음악 묵상을 책으로 내야지, 생각만 하며 10년 넘게 미루어온 하느님과의 약속. 멋진 원목 식탁을 떠올릴 때와 달리 마음이 급격히 무거워졌다. 건강이 조금이라도 회복되면 이것부터 해결해야겠다, 안 그러면 편히 죽지도 못하겠다 싶었다. 마침 건강을 핑계로 하던 일을 많이 정리한 터라, 조금씩 건강이 회복되면서 자연스레 글쓰기에 몰두할 수 있었다. 그 울퉁불퉁한 플라스틱 식탁 위에서. 글 쓰는 작업이 수월하진 않았으나, 더할 나위 없이 행복한 시간이었다. 물론, 글쓰기와 출판은 전혀 다른 문제였다. 출판을 결심하는 일도, 출판사를 찾는 일도, 결코 쉽지 않았다. 머뭇거리기만 하던 내게 출판을 적극 권유해준 조안나 선생님, 포기 직전에 기꺼이 출판을 맡아준 모노폴리 출판사 배상연 편집장님, 그리고 믿음의 여정을 함께 걸어온 나의 소중한 도반道伴들께 깊은 감사를 전한다. 이제 하느님과의 약속도 지켰으니, 슬슬 마음에 드는 식탁을 찾으러 나가봐야겠다.

2018년 2월

유영민

| 차례 |

들어가며. 지금이 은혜로운 때 /10
    브루흐 : 콜 니드라이 /16

제1장. 저희를 불쌍히 여기소서 /25
    주케로 : 미제레레 /27
    알레그리 : 미제레레 /38
    베르디 : 미제레레 /46
    오라토리오 /55

제2장. 그가 찔린 것은 우리의 악행 때문이며 /61
    헨델 : 메시아 /66
- 보라, 하느님의 어린 양
- 그는 멸시받고 배척당하였다
- 분명 그는 우리의 병고를 메고 갔으며

    아뉴스 데이 /86

제3장. 오, 피투성이 상처로 물든 머리여! /91
    바흐 : 마태수난곡 /104

- 오라, 딸들아, 와서 나와 함께 슬퍼하자
- 사랑의 예수여
- 그것은 저입니다. 보속해야 하는 건 바로 저입니다
- 나 여기 당신 곁에 있으리다
- 물쌍히 여기소서!
- 어찌 이런 경악할 판결이 있단 말인가!
- 저 분은 우리 모두에게 선한 일을 하셨습니다
- 이제 주께서 안식에 드셨으니

슬픔의 성모 /126

제4장. 오늘 나와 함께 낙원에 /131

프랑크 : 십자가 위 그리스도의 마지막 일곱 말씀 /147

- 너는 오늘 나와 함께 낙원에 있을 것이다

하이든 : 십자가 위 그리스도의 마지막 일곱 말씀 /157

- 목마르다

레퀴엠 /166

제5장. 예수님의 사랑과 자비로 /173

엘가 : 사도들 /190

- 무덤에서
- 승천

나오며. 그때에는 얼굴과 얼굴을 마주 볼 것입니다 /212

| 들어가며 |

"지금이 은혜로운 때"

아버지는 예비자 교리 공부를 별로 좋아하지 않으셨다. 빠지지 않고 나가시는 것만 해도 다행이었다. 그런데 교리 공부를 마치고 무척 즐거운 표정으로 돌아오신 적이 있다. 예비자 교리를 맡고 있던 본당 신부님이 교리반 분들에게 막걸리를 대접했다는 것이다. 술을 무척이나 좋아했던 아버지는 성당에서, 그것도 신부님이 막걸리를 대접했다는 사실이 무척이나 마음에 들었던 모양이다. 그날은 재의 수요일 전날이었다. 이유야 어찌됐건, 아버지는 사순절이 시작될 무렵이면 그 기분 좋은 기억을 떠올리셨고, 아버지에게 사순절은 술이 거저 생기는 "은혜로운 때"였다.

하느님의 은총을 헛되이 받는 일이 없게 하십시오.

하느님께서 말씀하십니다.

"은혜로운 때에 내가 너의 말을 듣고

구원의 날에 내가 너를 도와주었다."

지금이 바로 매우 은혜로운 때입니다.

지금이 바로 구원의 날입니다. (2코린 6,1-2)

나 역시 술을 꽤 좋아한다. 재의 수요일이 다가올 때면 십자가 위의 예수님을 빤히 바라보며 사순절 동안 술을 마시지 않겠다고 말을 할까 말까, 꽤나 심각하게 고민했었다. 그런데 술을 마시지 않기로 결심하면 재의 수요일 전날 꼭 과음을 하게 되는 부작용이 있었다. 사순절 시작하기 전에 맘껏 마셔둬야 사순절을 잘 지낼 수 있을 테니까. 신부님도 막걸리를 쏘셨는데. 원래 카니발이라는 것도 그래서 생겨난 것이 아니던가. 하지만 고백하건대, 매번 카니발은 만끽해도 사순절 동안 금주를 철저하게 지킨 적은 거의 없었다. 변변찮은 핑계를 하나 대자면, 주변에 신자들이 별로 없다보니 "사순절이라서"라는 말을 꺼내기가 뭐해서였다. 말을 꺼낸다 한들, 전혀 그럴 것 같지 않던 사람이 세례를 받았다는 사실만으로 주변의 놀라움을 사고 있었는데, 술까지 안 마시겠다고 하면 분명 감당하기 어려운 말들이 터져 나올 것이 분명했다. 이슬람 국가는 라마단 기간에 모든 사람들이 금식을 한다던데, 사순절 동안에는 그냥 다 같이 술을 끊어버리면 좋겠다는 생각도 했다.

요즘은 나이도 들고 건강도 나빠져 술을 전만큼 마시지 못하는 터라, 술을 두고 고민하지는 않는다. 사순절에 특별히 끊어야 할 만큼 집착하는 것도 별로 없다. 역시 나이 탓, 건강 탓인가 보다. 오히려 아무 것도 하고 싶지 않은 것이 더 문제일 때가 많다. 그래서 언젠가부터 사순절 결심을 좀 색다르게 바꿔보기로 했다. 뭔가를 하지 않는 것이 아니라, 뭔가를 열심히 하는 것으로 말이다. 물론 아무 거나 열심히 하는 것이 아니라, 하느님께 가까이 갈 수 있는 훈련을 열심히 한다는 뜻이다. 기도도 좋고 성서읽기도 좋지만, 특별히 은총의 시기인 사순절인 만큼 음악 안에서 하느님을 만나는 것은 어떨까 싶었다.

사실 세례를 받고나서부터 거의 매년 반복하던 나만의 사순절 의식이 있었다. 의자에 허리를 꼿꼿이 세우고 앉아 바흐의 《마태수난곡》을 처음부터 끝까지 듣는 것이다. 고작 초급 독일어 실력이지만 독일어 가사를 뚫어지게 들여다보며 《마태수난곡》을 듣고 있노라면, 예수님의 마음이 온몸으로 느껴지는 듯했다. 내가 정말로 예수님의 마음을 느껴서인지, 바흐의 음악이 너무나 좋아서인지, 그건 알 수 없지만, 그렇게 《마태수난곡》을 다 듣고 나면 왠지 부활한 예수님을 만날 준비가 된 것 같아 뿌듯했다. 그런데 사순절 음악이 《마태수난곡》 외에 상당히 많다는 사실을 알게 되었다. 음악 안에서 하느님을 만나기로 생각한 것도 이 즈음이었다. 술을 좋아하던 사람이 술을 안 마시는 것만큼의 보속은 될 수 없겠지만, 아무것도 하고 싶지 않을 정도로 몸과 마음이 축 처져 있을 때는 오히려 음악으로 예수님의 수난을 묵상하며 하느님께 돌아가는 것도 좋지 않을까? 다시금 십자가 위의 예수님을 빤히 쳐다보며 동의를 구했다. 그리고 사순절에 걸맞은 음악을 아름아름 모아 듣기 시작했다.

> 이제라도 너희는 단식하고 울고 슬퍼하면서
> 마음을 다하여 나에게 돌아오너라.
> 옷이 아니라 너희 마음을 찢어라.
> 주 너희 하느님에게 돌아오너라.
> 그는 너그럽고 자비로운 이, 분노에 더디고 자애가 큰 이,
> 재앙을 내리다가도 후회하는 이다. (요엘 2,12-13)

미국 유학 시절, 재의 수요일 미사 공지를 보고 내 눈을 의심한 적이 있다. 세상에, 아침 8시부터 매시간대에 미사가 있다는 거다. 아무 때나 가도 재를 받을 수 있다는 건가? 한국에서는 재의 수요일마다 새벽미사를 가느라 헉헉댔는데, 이게 무슨 횡재람? 하지만 이건 좀 '오버' 아닐까? 중남미에서 온 사람들이 많이 살긴 하지만, 주일미사에도 나타나지 않던 사람들이 얼마나 많이 온다고 이런 설레발을? 이런저런 생각을 하며 느긋하게 9시 미사를 갔다. 그런데 이게 웬일인가? 성당으로 사람들이 줄지어 몰려드는 게 아닌가? 주일미사 때도 볼 수 없던 광경이었다. 갓난 애를 등에 업고 내처 달려오는 엄마, 양쪽 팔에 아이를 안고 성큼성큼 걸어오는 아빠, 거동도 불편한데 자식 손을 부여잡고 기어이 성당 안으로 발을 옮기는 어르신. 이게 대체 무슨 날이라고 모든 사람들이 눈에 불을 켜고 성당으로 달려온단 말인가? 재의 수요일이란 것이 정해진 날짜가 있는 것도 아니고, 냉담 신자들은 그게 언제인지조차 모르고 지나가기 쉬울 텐데… 혹시나 주일미사도 하지 않다가 이날 와서 단번에 보속하려는 얄팍한 계산이 숨어있는 건 아닐까? 의심의 눈초리로 사람들을 둘러보았지만 영악한 심보는 엿보이지 않았다. 오히려 엄마 품을 파고드는 천진난만한 어린 아이 같았다. 미사 전체에 참례하지 않고 재만 바르고 돌아가는 이들도 꽤 있었는데, 표정은 마찬가지였다. 하느님 은총을 놓치지 않고 챙겼다는 만족스런 미소가 얼굴 가득 넘쳤다. 이들이야말로 "지금이 은혜로운 때"임을 온몸으로 직감하며 "하느님에게 돌아온" 사람들이었다.

오로지 호기심 때문에 수업 후 오후 늦게 다시 성당을 찾았다. 사람들이 많지는 않았다. 우연히 만난 본당 신부님에게 빈정거리듯 말을 걸어봤다. "무슨 미사를 매 시간마다 해요? 사람들이 얼마나 온다고." 신부님은 환하게 웃으며 이렇게 말했다. "한 사람이 오더라도 해야지. 오늘 같은 날은." 당시 대학 캠퍼스까지 찾아와 매주 수요일 12시에 미사를 해주시던 신부님이 생각났다. 내가 처음 그 미사를 찾아간 날, 신자는 나를 포함하여 단 두 명이었다. 신부님은 처음 나타난 내게 이것저것 묻더니, 미사 중에 한반도 평화를 위한 기도까지 해주셨다. 단 두 명을 위한 미사가 내겐 처음이라 얼떨떨했던 기억이 지금도 생생하다. 그 미사는 신자수가 결코 늘지 않았다. 많아야 열 명. 그런데도 미사는 지속되었고, 힘든 유학 생활 중에 그 시간이 얼마나 큰 힘이 되었는지는 설명할 필요조차 없을 것 같다.

브루흐 〈콜 니드라이〉
Max Bruch (1838-1920) : Kol Nidrei (1880)

독일의 낭만주의 작곡가. 멘델스존의 작풍을 이어받아 낭만적 감성이 가득한 음악을 많이 남겼다. 그 중에서도 첼로와 오케스트라를 위한 〈콜 니드라이〉는 인기 차트 상위를 점유한 클래식 명곡으로 손꼽힌다.

재의 수요일 미사를 한 것까지는 좋았는데 이마에 새겨진 십자가는 난감하기 그지없었다. 커다란 십자가를, 그것도 시커먼 재로 이마에 떡하니 그려 놓으면 어쩌란 말인가? 한국에서는 재의 수요일 미사를 해도 티가 나지 않았는데… 바로 씻자니 좀 아쉽고, 그렇다고 그대로 다닐 수도 없고, 결국 대충 이마를 문지르고 학교에 갔다.

그날 수업은 종교와 음악. 전공이 비서구권 음악이다 보니, 수업 내용도 그리스도교 음악보다는 다른 종교음악이 주를 이루었다. 수강생들도 소수민족이 많았고 그리스도교보다는 다른 종교에 더 관심이 많았다. 그래서인지 내 이마에 묻은 검댕을 보고 "오늘이 재의 수요일이야?"라고 묻는 친구도 있었지만, 그게 뭔지 전혀 모르는 친구들도 꽤 있었다. 재의 수요일에 대해 대충 설명을 해주고 나니 한 학생이 이렇게 말했다. "아, 그러니까 욤 키푸르 같은 거구나."

욤 키푸르가 유대교의 속죄일임을 알게 된 것은 이마에 묻어 있던 재의 수요일 인증 덕분이었다. 예루살렘 성전이 파괴된 후 희생 제사를 지내지 못하게 되자 유대인은 특별히 참회와 보속을 위한 기도의 날을 정하고 경건한 의식을 치르게 되었는데, 그것이 바로 욤 키푸르, 속죄일이 되었다. 유대교 전례 중 가장 중요한 날이며, '안식일 중의 안식일'이라고도 부른다. 배경은 많이 다르지만 참회와 보속의 시간이라는 점에서 욤 키푸르와 재의 수요일은 많이 닮았다. 다만, 가톨릭은 재의 수요일을 시작으로 40일 동안 참회와 보속의 시간을 갖는 데 비해, 유대교는 욤 키푸르 하루 동안 내내 단식하며 회당에 모여 기도에 집중한다. 공식적인 기도 예식만 다섯 번 이루어진다. 기도문은 거의 모두 선율을 붙여 노래로 부르게 되는데, 그 중 〈콜 니드레〉가 가장 유명하다. '모든 서약들'이라는 뜻으로, 잊어버리거나 지키지 못한 서약을 모두 용서해 달라는 기도문이다. 그 유명한 막스 브루흐의 〈콜 니드라이〉도 바로 이 선율을 사용하여 만든 음악이다.

참회와 보속의 노래

브루흐의 첼로와 관현악을 위한 〈콜 니드라이〉는 욤 키푸르를 알기 훨씬 전부터, 세례를 받기 훨씬 전부터 자주 듣던 음악이었다. 묵직하면서도 아름다운 선율, 애절하면서도 흐느적거리지 않는 깔끔한 매무새 때문에 특별히 힘들 때 일부러 찾아듣곤 했었다. 욤 키푸르에 바로 이 선율이 노래로 불린다는 사실을 알았을 때, 단지 아름다운 선율 때문에 위로를 받은 건 아니었구나 하는 생각이 들었다. 브루흐가 유대인도 아니고(프로테스탄트였다!), 자신의 음악이 참회의식에 쓰이길 바란 것도 아니겠지만(오히려 성스런 기도문을 세속화시켰다고 유대인의 지탄을 받기도 했다!), 이 음악에는 듣는 이로 하여금 옷깃을 여미게 만드는 엄숙한 손길과 마냥 기대고 싶은 부드러운 손길이 공존한다. 이제 욤 키푸르를 알게 되었으니, 이왕이면 욤 키푸르에서 부르는 〈콜 니드레〉를 듣고 싶었다. 하지만 유대인 회당이 어디에 있는지도 알 수 없었고 찾아갈 용기도 나지 않았다. 그러다가 우연히 알게 된 옛날 영화에서 욤 키푸르에 울려 퍼지는 〈콜 니드레〉를 듣게 되었다.

1927년에 워너브라더스가 만든 최초의 유성영화 《재즈 싱어》에서 욤 키푸르는 중요한 모티브로 작용한다. 칸토르(유대인 회당에서 노래로 기도를 이끄는 전문 싱어) 집안에서 태어나 재즈 싱어가 되어 돌아온 주인공. 아버지는 격노하며 아들을 쫓아낸다. 하지만 욤 키푸르에 노래를 할 수 없을 정도로 병이 깊어진 아버지는 아들이 돌아와 〈콜 니드레〉를 불러주기만 고대한다. "꿈에 내 아들이 왔어. 〈콜 니드레〉를 아주 아름답게 불렀지. 오늘밤 그렇게 불러주기만 한다면 모든 걸 용서할 텐데…" 회당에 모인 사람들은 칸토르 없이 어떻게 욤 키푸르를 지내냐며 서로 〈콜 니드레〉를 부르겠다고 야단이다. 회당 대표는 아무나 노래를 하느니, 해가 지지 않도록 만들겠다며 버럭 화를 낸다(해가 지면 욤 키푸르가 시작된다!). 〈콜 니드레〉가 욤 키푸르 전례에서 얼마나 중요한지 알 수 있는 대목이다. 결국 주인공은 중요한 공연을 포기하고 아버지에게 돌아와 〈콜 니드레〉를 부른다. 11세기경부터 불렀으리라 짐작되는, 실로 오랜 역사를 가진 〈콜 니드레〉 선율은 지금도 욤 키푸르만 되면 유대인 회당에서 울려 퍼진다.

눈부신 은총의 노래

욤 키푸르를 알고부터 재의 수요일이 다가오면 칸토르가 부르는 〈콜 니드레〉를 찾아 듣는 습관이 생겼다. 요즘은 유튜브에 온갖 동영상이 다 올라오기 때문에 입맛에 맞는 칸토르 목소리로 아름다운 〈콜 니드레〉를 듣는 호강을 얼마든지 누릴 수 있다. 그런데 이것만으로는 좀 부족한 감이 있다. 그래서 브루흐의 〈콜 니드라이〉를 이어 듣는다. 앞부분은 욤 키푸르의 〈콜 니드레〉 선율이지만, 뒷부분은 다른 선율이 음악의 흐름을 주도한다. 역시 유대교 회당에서 사용하던 선율이지만 분위기가 사뭇 다르다. 어렵사리 동굴을 빠져나온 사람이 갑자기 눈부신 햇살을 만난 느낌이랄까. 앞부분이 참회와 보속이라면, 뒷부분은 쏟아지는 하느님의 은총이다. 이렇게 말하면 좀 실없어 보일지 모르지만, 난 뒷부분 시작 부분에서 "지금이 은혜로운 때, 지금이 구원의 날"이라고 말하는 하느님 목소리를 듣곤 한다. 아니, 바오로 사도의 목소리일까? 어쨌거나 행복한 순간이다. 기도 안에서 하느님을 만나는 순간만큼이나 행복한 순간이다.

   사람마다 기도하는 방식이 다 다르겠지만, 난 잠자기 전에 방 안의 초를 죄다 켜놓고 가만히 앉아 십자가 위의 예수님을 응시하며 기도하는 것을 좋아한다. 비안네 신부님이 만났던 농부처럼, 그냥 예수님을 바라보고, 그런 나를 예수님이 바라보는 것을 느끼는 그 시간이 정말 좋다. 그런데 건강이 많이 나빠지면서 여유롭게 기도하지 못할 때가 많았다. 그럴 때면 침대에 누워 브루흐의 〈콜 니드라이〉를 크게 틀어놓고 잠들곤 했다. 그것도 꼭 자클린 뒤 프레의 연주로 들었다. 10대에 데뷔한 천재 첼리스트로 스포트라이트를 받았으나, 다발성 경화증이라는 희귀병에 걸려 28세의 젊은 나이에 연주 활동을 접고 14년간 투병 생활을 하다가 생을 마감한 영국의 여성 첼리스트. 그가 세상을 떠나기 전 반복해서 들었던 음악이 바로 자신의 연주로 녹음한 브루흐의 〈콜 니드라이〉였다고 한다. 그렇게 좋아하던 첼로는 잡지도 못하고, 세계적인 지휘자로 명성을 날리던 남편 다니엘 바렌보임도 떠나버린 채 외로이 죽음을 맞이해야 했지만, 〈콜 니드라이〉를 들으며 그도 분명 하느님의 위로와 평화를 느꼈으리라.

하느님 은총을 보듬고 살아가는 사랑스런 패배자

세례를 받고 나서 눈에 띄게 달라진 건 없었다. 깐깐한 성질도, 욱하는 성질도 결코 죽지 않았다. 그리스도의 향기는커녕 여전히 지친 땀 냄새만 풀풀 풍기며 다닐 때가 더 많다. 하지만 한 가지 희한한 능력이 생긴 건 분명해 보인다. 힘들어 죽겠는데 힘든 것에 함몰되지 않는 능력, 죽을 듯 아파도 내 몸에 닿는 하느님 손길을 느끼며 싱긋 웃을 수 있는 능력이다. 그래서 나름 하느님 은총을 듬뿍 받고 있다고 자부하건만, 출세를 못해서인지, 병치

레가 잦은 탓인지, 이런 말을 들을 때가 가끔 있다. 그렇게 열심히 성당을 다니는데 하느님은 대체 너한테 왜 그러신다니?

난 야곱을 별로 좋아하지 않는다. 얍삽하고 제 욕심을 채우기 위해 물불을 가리지 않는 기질만 기억하기 때문이다. 그래서인지 야곱에 대해 가끔 잊어버리는 것이 하나 있다. 야뽁강에서 하느님을 만난 후 절름발이가 되었다는 사실이다. 하느님의 축복을 받은 사람이 하느님 때문에 절름발이가 되었다니, 그야말로 하느님이 대체 왜 그러시냐는 말이 나올 법한 사건 아닌가. 주변 사람들 눈에는 야곱이 패배자로 보였으리라. 실제로 하느님과의 씨름에서 패한 건 야곱이니까. 하지만 하느님을 만났으니, 하느님한테 한 대 얻어맞아 움직이지 못할 지경이 되고도 하느님의 축복을 기어이 받아냈으니, 승리보다 귀한, 위대하고 아름다운 패배가 아닐까. 마치 예수님의 십자가 죽음처럼.

세례를 받기 전부터 내게 각인된 예수님은 십자가를 지고 힘겹게 걸음을 옮기는 모습이었다. 그래서인지 사순절은 늘 내게 각별하게 다가온다. 예수님께 더 가까이 가고 싶고, 예수님 곁에서 더 많이 기도하고 싶어진다. 물론, 부끄럽게도, 야곱처럼 하느님을 부여잡고 축복을 받아내려는 집요함도, 예수님처럼 하느님께 모든 것을 내맡기는 전적인 신뢰도, 내겐 없어 보인다. 그래서 감히 위대하고 아름다운 패배자가 되길 바라지도 않는다. 하지만 예수님 곁에서 예수님이 바라보는 곳을 나도 바라보고, 예수님이 가신 길을 헉헉대면서라도 따라 걷다보면, 하느님 보시기에 기특한 패배자는 될 수 있지 않을까? 세상 사람들 눈에는 매번 지쳐 쓰러지고 돌부리에 걸려 넘어지는 참담한 패배자로 보일지라도, 하느님 눈에는 당신이 주신 은총을 소중히 보듬고 살아가는 사랑스런 패배자로 보이지 않을까? 그런 희망이 솔솔 피어오르는 때가 바로 사순절이다. 그래서 사순절만 되면 예수님을 따라 걷는 연습에 특별히 매진하고 싶어지나 보다. 음악의 힘을 빌어서라도.

제1장

― 저희를 불쌍히 여기소서

주케로 〈미제레레〉
Zucchero (1955-) : Miserere (1992)

이탈리아를 대표하는 싱어송라이터. 파바로티 외에 스팅, 안드레아 보첼리, 엘튼 존, 에릭 클랩턴과도 함께 공연했고, 최근에는 첼로 듀오 그룹인 '2첼로스'와 함께 녹음한 〈일 리브로 델아모레〉로 큰 인기를 끌었다.

"미_제_레_레_." 루치아노 파바로티가 묵직한 저음으로 천천히 미, 제, 레, 레를 한 음 한 음 펼쳐 놓는다. "미_제_╱레⎺레⎺." 저음을 벗어나 슬슬 올라갈 준비를 할 참인가보다. 아니나 다를까, 단숨에 고음으로 올라가 미제레레를 외치며 절규한다. "미 제 레 레, 미 제 로 메, 페로 브린도 알라 비타." 이 노래를 처음 듣던 날, '미제레레'란 말은 귀에 꽂히고 심장에 박혀버렸다. 미제레레 뒤에 나오는 가사가 뭔지도 모르면서, 하루 종일 머릿속에서 '미제레레'가 끝도 없이 울려 퍼졌다. 처음에는 분명 파바로티 목소리였는데, 곧 내 목소리로 바뀌었고, 그런가 하면 알지도 못하는 사람들이 무리 지어 떼창을 하는 것 같기도 했다. 그리고 뭔지 모르게 가슴이 저려왔다. '미제레레'가 이토록 가슴에 사무치는 말이었던가?

    '미제레레'란 말, 들어보긴 했었다. "하느님의 어린 양(아뉴스 데이), 세상의 죄를 없애시는 주여(퀴 톨리스 페카타 문디), 우리를 불쌍히 여기소서(미제레레 노비스)." 지금은 "자비를 베푸소서"로 기도문이 바뀌었지만, 이 노래를 처음 들었을 때는 개정 기도문이 나오기 전이었다. 라틴어에 관한 한 일자무식인 내가 '미제레레'를 알고 있었던 건 대학에서 음악을 전공했기 때문이었다. 서양 음악사 수업 첫 학기는 거의가 종교음악이었다. 그레고리오 성가부터, 미사경본이나 성서구절을 가사로 한 수많은 중세 음악, 르네상스 음악을 들어야 했다. 이런 쓸데없는 걸 대체 왜 알아야 하는데? 투덜거리면서도 열심히 들었다. 그러다보니 대학 시절, 신자가 아니었음에도 불구하고 짧은 라틴어 기도문 몇 개는 머릿속에 입력되어버렸다. 물론 기도문의 깊은 뜻이나, 단어 하나하나에 깃든 어감은 알 턱이 없었다. 그저 '미제레레'의 우리말 번역이 '불쌍히 여기소서'라는 것 정도만 알고 있었다. 하지만 라틴어건, 한국어건, 그 말이 그렇게까지 심장을 파고든 적은 없었다.

안드레아 보첼리의 미제레레

당시 난 가톨릭 신자 5년차. 그러나 주변에 같은 가톨릭 신자라고는 눈 씻고 찾아봐도 찾기 힘든 환경에 내던져져 있었다. 게다가 일용할 양식을 구하기 위해 걸핏하면 야근을 해야 했고, 스트레스를 핑계 삼아 술만 마셔대는 일상이 계속되었다. 주일미사에 빠지지 않는 것만도 기적이라며 스스로 위로하고 살았다. 그래서였을까? '미제레레'가 심장을 파고든 것이? 일에 치이고 술에 절어 있던 내가 불쌍해서? 물론, 내 심장을 파고든 건 파바로티와 주케로의 목소리, 주케로가 만든 선율이었는지도 모른다. 아무리 그렇다 해도, '미제레레'란 가사 없이 파바로티와 주케로의 애절한 음악이 나올 수 있었을까? 절절한 마음 없이 그런 표현이 가능했을까?

원래 이 곡은 주케로와 파바로티의 녹음으로 세상에 알려졌지만, 요즘은 주케로와 안드레아 보첼리가 부른 노래로 알고 있는 사람들이 더 많을 듯싶다. 실제로 주케로와 먼저 호흡을 맞춘 사람은 보첼리였다. 〈미제레레〉를 작곡하며 주케로는 파바로티와 함께 노래하기로 이미 작정하고 있었다. 당시 음악계는 전세계적으로 대중음악 가수와 클래식 성악가가 함께 노래하는, 이른바 크로스오버 음악이 대세였다. 그런데 파바로티에게 제안을 하려면 데모 녹음을 보내야 했고, 데모용으로 파바로티를 대신할 사람이 필요했다. 데모 녹음 오디션에 뽑힌 사람이 바로 보첼리였다. 데모 테이프를 들은 파바로티는 보첼리의 목소리에 매료되어 주케로에게 보첼리와 함께 녹음하길 권했다. 주케로가 끝까지 파바로티를 원했던 터에 결국 파바로티가 주케로와 함께 〈미제레레〉를 녹음했으나, 유럽 투어 중에는 보첼리가 파바로티를 대신했다. 정상적인 시력을 갖지 못한 채 태어나 12세에 완전히 시력을 잃어버린 보첼리. 하지만 음악에 대한 열정만은 가득했던 보첼리. 그는 어떤 마음으로 '미제레레'를 불렀을까?

> 불쌍히 여기소서, 불쌍히 여기소서,
> 불쌍히 여기소서, 나를 불쌍히 여기소서.
> 하지만 난 삶을 위해 축배를 들리라.

보첼리를 임신한 어머니에게 의사는 낙태를 권했다. 장애를 가진 아이가 태어날 가능성이 컸기 때문이다. 어머니는 생명을 지울 수 없다며 보첼리를 낳았고, 의사의 경고대로 보첼리는 시력 장애를 갖고 태어났다. 그리고 어린 나이에 시력을 완전히 잃었다. 분명 쉽지 않은 삶이었을 텐데, 어릴 적 그의 기억은 그리

어둡지 않다. 시각장애로 인해 힘들었던 기억도 별로 되새기지 않는다. 아픈 기억이어서가 아니라, 다른 좋은 기억이 너무 많아서이다. "내 삶은 한 편의 동화였다. 어릴 적 나는 주일미사에 가고 싶어 안달하던 소년이었다. 성당에서 오르간을 연주하고 싶어서였다. 난 꿈을 좇던 소년이었고, 내 꿈은 현실이 되었다."

〈미제레레〉와 함께 보첼리의 꿈은 현실이 되기 시작했고, 몇 년 뒤,〈그대와 함께 떠나리 Con te partirò/Time to say goodbye〉로 그는 일약 세계적 스타로 떠오른다.〈미제레레〉를 노래할 때 보첼리는 이미 삶을 위해 축배를 들 준비가 되어 있었는지도 모른다. 불쌍히 여겨달라며 하느님께 울부짖는 사람은 세상에 많다. 그런데〈미제레레〉의 외침 안에 축배의 희망을 간직한 사람은 과연 얼마나 될까? 불쌍한 처지 좀 봐달라며 하느님 앞에 엎어져 펑펑 울기는 해도, 죽은 이도 일으켜 세우는 하느님의 손길을 믿고 바라는 사람은 과연 얼마나 될까?

다윗의 미제레레

새 기도문이 나오면서 "미제레레 노비스"는 "자비를 베푸소서"로 바뀌었다. "불쌍히 여기소서"라고 할 때는 불쌍한 내가 머릿속에 그려졌는데, "자비를 베푸소서"라고 바꾸고 보니 자비를 베풀어주는 하느님한테 눈길이 가는 것 같기도 하다. 그렇지, 불쌍한 나보다 자비의 하느님을 바라봐야지, 하는 생각도 든다. 그런데 〈미제레레〉의 원전이라 할 수 있는 시편 51장을 보면 생각이 좀 달라진다. 잘 알다시피 시편 51장은 일곱 개의 통회 시편(6, 32, 38, 51, 102, 130, 143) 중 하나로 다윗이 나탄의 말을 듣고 지은 통회의 시편이다. 〈미제레레〉라는 제목을 갖고 있는 유명한 시편인데, 연도에 사용되는 구절이라 한국 가톨릭 신자들에게는 너무나 친근한 내용이다.

> 하느님, 자비하시니 나를 불쌍히 여기소서.
> 애련함이 크오시니 내 죄를 없이하소서.
> 내 잘못을 말끔히 씻어 주시고
> 내 허물을 깨끗이 없애 주소서.
> 나는 내 죄를 알고 있사오며
> 내 죄 항상 내 앞에 있삽나이다.
> 당신께, 오로지 당신께 죄를 얻었삽고
> 당신의 눈앞에서 죄를 지었사오니
> 판결하심 공정하고
> 심판에 휘지 않으심이 드러나리이다.

보소서, 나는 죄 중에 생겨났고
내 어미가 죄 중에 나를 배었나이다.
당신은 마음의 진실을 반기시니
가슴 깊이 슬기를 내게 가르치시나이다.
히솝의 채로 내게 뿌려 주소서.
나는 곧 깨끗하여지리이다.
나를 씻어 주소서.
눈보다 더 희어지리다.
기쁨과 즐거움을 돌려주시어,
바수어진 뼈들이 춤추게 하소서.
내 죄에서 당신 얼굴 돌이키시고
내 모든 허물을 없애 주소서.
하느님 내 마음을 깨끗이 만드시고
내 안에 굳센 정신을 새로 하소서.
당신의 면전에서 날 내치지 마옵시고
당신의 거룩한 얼을 거두지 마옵소서.
당신 구원, 그 기쁨을 내게 도로 주시고
정성된 마음을 도로 굳혀 주소서.

보첼리는 장애를 가진 것이 자기 잘못이 아니니, 얼마든지 하느님의 자비를 청해도 될 것 같은데, 시편 51장을 노래할 당시 다윗은 경우가 다르지 않을까? 우리야의 아내 밧 세바를 범한 후 자신의 죄를 덮기 위해 우리야를 죽게 만든 다윗이니까. 강간에 살인까지, 그야말로 권력을 앞세워 온갖 나쁜 짓을 저지른 천하의 무뢰한 아닌가. 그러고도 죄의식을 갖기는커녕, 예언자 나탄이 그의 옆구리를 찌를 때조차 자신의 죄를 깨닫지 못한다. 결국 나탄이 단도직입적으로 다윗의 죄를 꼬집고 만다. "너는 히타이트 사람 우리야를 칼로 쳐 죽이고 그의 아내를 네 아내로 삼았다…그러므로 이제 네 집안에서는 칼부림이 영원히 그치지 않을 것이다."(2사무 12,9-10) 다윗은 이제야 죄를 고백하며 시편 51장을 노래한다. 인간적인 생각으로는 "네 집안에서는 칼부림이"라는 말을 듣고 정신이 번쩍 들지 않았을까 싶다. 그런데 다윗의 그 고백이라는 것이 너무 당당하다. 이런 근거 없는 자신감은 대체 어디서 나오는 걸까, 어이가 없어진다.

죽은 우리야가 이 기도를 들었다면 어떤 마음이 들었을까? 우리야 시신을 찾아 울며불며 용서를 빌어도 마땅치 않을 판에, 오로지 하느님한테만 죄를 지었다니. 게다가 당당하게 자신의 죄를 없애 달란다. 그뿐인가. 기쁨과 즐거움도 달라고, 깨끗한 마음과 굳센 정신, 나아가 하느님의 거룩한 얼까지 내놓으라니, 이건 정말 너무 뻔뻔한 기도 아닌가? 역시 옛말 중에 틀린 건 하나도 없다. 죽은 사람만 억울하다.

어쨌거나 하느님은 다윗을 용서하셨다. 하지만 밧 세바와 다윗의 첫 아이는 하느님이 거두어 가신다. 다윗도 담담하게 하느님의 처분을 받아들인다. 성경을 보면, 아들의 죽음에도 불구하고 곧장 일상으로 돌아가 잘 먹고 잘 산 것 같은데, 마음 약한 하느님은 다윗과 밧 세바를 불쌍히 여겨 다시금 아들을 갖게 해주신다. 심지어 애칭까지 부여해 주신다. 여디드야, 즉 '하느님이 사랑하는 아이'라고. 이 아이가 바로 솔로몬이다. 역시 가장 불쌍한 사람은 죽은 우리야다. 우리야는 충성을 다하던 주군에게 살해당한 것이고, 밧 세바는 남편을 죽인 천하의 나쁜 놈 아이를 갖게 된 것인데, 다윗이 우리야에게 얼마나 통회하는 마음을 가졌을지, 전 남편을 다윗이 죽였다는 사실을 밧 세바는 알고나 있었을지, 성경에서는 알려주지 않는다. 단 한 가지, 다윗이 하느님에게 만큼은 머리를 조아리고 가슴을 쥐어뜯으며 회개했다는 사실만 알 수 있을 뿐이다.

뻔뻔한 다윗을 바라보는 어이없는 눈길이 부러움의 눈길로 뒤바뀌기까지 그리 오랜 시간이 걸리지 않았다. 용서를 청하고 싶은데 그 사람이 갑자기 세상을 떠나고 없을 때, 진심으로 용서를 빌었는데도 관계가 회복되지 않을 때, 내게 상처를 준 사람을 분명 용서했는데 상처는 여전히 아물지 않았음을 깨달았을 때, 이유도 모른 채 인간관계가 어그러질 때, 내가 할 수 있는 건 하느님 앞에 엎어지는 것뿐이었다. 그런데 그뿐이었다. 내내 엎어져 펑펑 울기만 할 뿐, 일어날 생각은 하지 못했다. 일어나는 것 자체가 너무 뻔뻔하다고 생각했다. 다윗처럼 뻔뻔해지기는 싫었다. 그 와중에도 난 나만 쳐다보고 있었던 것이다. 서서히 다윗의 뻔뻔한 믿음이 부러워졌다.

예수님의 향기가 느껴지던 어느 할머니가 이런 말을 한 적이 있다. "믿음도 훈련을 해야 커지는 거야. 그런데 믿음이 좋아 보이는 사람도 늘 하느님 안에 사는 건 아닐 거야. 하느님한테서 여전히 떨어져 나올 때가 있겠지. 한 가지 다른 점이 있다면, 외도(?)하는 기간이 짧다는 것? 자기 연민에 빠지지 않는 것? 얼른 정신 올 차리고 하느님한테 빨리 되돌아오는 연습, 그게 믿음을 키우는 훈련 아니겠어?"

하느님을 따른다는 것은 내게 고정된 눈을 끊임없이 하느님께 돌리려고 노력하는 과정인지도 모른다. 불쌍한 나만 바라보는 것이 아니라, 불쌍한 나를 긍휼히 여기고 자비를 베풀어 주시는 하느님을 바라보는 것. 나만 바라보고 있을 때 하느님의 자비는 내게 닿을 수 없음을 깨닫는 것. 그래서 옛 사람들은 하느님을 향해 절규하는 노래보다 하느님을 찬미하는 노래를 부르고 싶었나 보다. 하느님께 울부짖는 지상의 소리보다 하느님을 닮은 천상의 소리를 봉헌하고 싶었나 보다. 심지어 다윗이 통회하는 시편에도 천상의 소리를 덧입혀, 죄 지은 다윗을 떠올리기보다 죄를 용서하시는 자비의 하느님을 바라보고 희망하고 싶었나 보다.

알레그리 〈미제레레〉
Gregorio Allegri (1582-1652) : Miserere (1630년대)

17세기 이탈리아 작곡가이자 로마 가톨릭 사제. 초기 바로크 시대의 음악가이나, 르네상스 시대의 아카펠라 양식의 종교음악을 다수 작곡했다. 〈미제레레〉의 유명세 덕분에 잊을 수 없는 작곡가로 자리매김했다.

시편 51장에 르네상스 시대의 많은 음악가들이 천상의 소리를 입혀 주었지만, 거의 4백 년 간 독보적인 유명세를 누린 곡은 알레그리의 〈미제레레〉가 아닐까 싶다. '천상의 음악'이라는 찬사를 받으며 성주간마다 바티칸 시스틴 성당에서 울려 퍼졌던 노래, '천상의 음악'을 보호하기 위해 바티칸이 '악보 외부유출 금지' 명령을 내렸던 바로 그 노래이다. 르네상스 시대의 교회음악은 대부분 악기 반주 없이 여러 성부가 함께 노래하는, 이른바 아카펠라 음악이다. 희한하게도 악기 소리 없이 사람의 목소리만 사용하여 빚어내는 음향은 확실히 영적인 느낌을 강화시킨다. 그래서 옛날 교회음악에는 악기 연주를 배제했던 모양이다. 게다가 당시 아카펠라 음악은 우리 귀에 익숙한 요즘 합창곡과 달리, 독자적으로 움직이는 여러 개의 성부가 서로 얽히고설키면서 뭔가 신비로운 분위기를 자아내기 때문에, 르네상스 시대의 교회음악은 어떤 곡을 들어도 천상의 소리를 경험할 때가 많다. 귀에 익숙하지는 않아도, 아니 그 때문에 오히려 일상의 공간에서 벗어나 어딘가 초월적인 공간으로 깊숙이 빠져드는 느낌이랄까. 당시 대부분의 음악이 그러할진대, 유독 알레그리의 〈미제레레〉가 지금도 교회음악 인기 차트 상위권을 차지하고 있는 것은 음악 자체의 빼어난 아름다움 때문이기도 하지만, 이 음악에 결부된 흥미로운 일화 덕분이기도 하다.

'천상의 금기'를 깬 당돌한 천재 소년

1770년 성주간 수요일, 시스틴 성당에서 '테네브레'라는 의식이 치러지고 있었다. '그림자' 혹은 '어둠'이라는 뜻을 지닌 테네브레는 성삼일 동안 이른 아침이나 그 전날, 성서구절을 읽으며 예수님의 수난과 죽음을 묵상하는 의식으로, 유대교 초막절의 빛의 예식처럼 촛불을 하나씩 꺼가며 서서히 어둠 속으로 침잠해 들어간다. 성서구절 가운데 예레미야 예언자의 애가와 시편은 통상 노래로 부르게 되어 있었는데, 그 중에서도 시편 51장은 1630년대 이후 알레그리의 음악이 고정적으로 사용되었다. 그만큼 대체 불가능한, 테네브레의 정점이랄 수 있는 부분이었다. 성삼일만 되면 천상의 음악이 울려 퍼진다는 소문이 무성했다. 그러나 악보유출 금지 명령이 내려진 터라, 이 음악을 들으려면 성주간에 맞춰 시스틴 성당을 찾아야 했다. 바티칸은 악보를 유출할 경우 누구든 파문하겠다고 엄포까지 놓은 상태였다. 그런데 1770년 성주간, 시스틴 성당에 나타난 14세의 소년이 바로 이 '천상의 음악' 악보를 유출시키고 만다. 단 한 번 들은 수많은 음들을 머릿속에 간직해 두었다가 숙소로 돌아간 후 곧장 오선보에 옮겨 적은 것이다. '천상의 음악' 금기를 깨뜨린 당돌한 천재, 그는 바로 볼프강 아마데우스 모차르트였다.

전해지는 이야기에 따르면, 모차르트 때문에 알레그리의 〈미제레레〉 악보가 일반에게 유포되었다고 하는데, 사실 〈미제레레〉 사본은 이미 몇 개가 바티칸 밖으로 나와 있었다. 그 중 하나가 출판업자 손에 넘어갔고, 모차르트가 옮겨 적은 악보는 자취를 감춰버렸다. 모차르트의 악보는 출판된 악보와 많이 달랐을 것으로 추정된다. 지금과는 다른 당대의 연주관습 때문이다. 지금은 작곡가가 악보를 만들면, 연주자는 악보에 적힌 대로만 연주하면 된다. 하지만, 르네상스 시기는 물론 다음 바로크 시기까지도, 작곡가가 만들어준 악보에 연주자가 얼마든지 즉흥적으로 장식음을 추가할 수 있었다. 아니, 오히려 그런 즉흥연주 능력이 없으면 훌륭한 연주자로 인정받지 못했다. 이 때문에 당시 음악은 연주자마다 얼마든지 달라질 수 있었다. 모차르트가 살던 시대는 이미 즉흥연주 관습이 거의 사라진 때였으나, 르네상스 양식으로 만들어져 바로크 시대 내내 연주된 알레그리의 음악은 악보와 연주가 상당 부분 다를 수밖에 없었다. 그러니까 모차르트의 악보에는 알레그리가 적은 음 외에, 실제 노래할 때 추가되는 온갖 장식음들이 모두 적혀 있었을 것이다. 무슨 이유에서인지 모차르트의 악보는 출판되지 않았고, 알레그리가 만든 악보만 출판되어 전해지고 있으니, 결과적으로 '천상의 음악'은 바티칸의 의도대로 철저하게 보호된 셈이다.

모차르트만큼은 아니겠지만, 우리도 〈미제레레〉를 들으며 어느 정도 천상의 음악을 경험할 수 있다. 여러 성부가 정교하게 얽혀있는 합창은 물론이거니와 간간이 등장하는 단선율의 그레고리오 성가를 듣고 있으면, 그 옛날 엘리야가 들었던 하느님의 목소리, 지진 속에도 불 속에도 안 계셨던 하느님의 '조용하고 부드러운' 소리를 듣는 듯하다. 게다가 중간중간 하늘을 찌르듯 높이 솟아오르는 고음이 들릴 때마다 우리 마음도 함께 하늘로 치솟는다. 이 정도만으로도 천상의 소리라 할 법한데, 모차르트가 들었던 〈미제레레〉는 얼마나 더 많이 천상의 소리와 닮아 있었을까? 그때 그 소리를 재연하고 싶어 프랑스의 보컬 앙상블 '아 세이 보치'는 가능한 모든 장식음을 붙여 〈미제레레〉를 녹음하기도 했다. 물론 모차르트가 들었던 장식음과 같다는 보장은 결코 없다.

'천상의 음악'을 빚어낸 비법

바로크 시대까지 건재했던 즉흥연주 관습을 생각해보면 참으로 흥미롭다는 생각이 든다. 음악의 창작 활동에 연주자가 동참했다는 뜻 아닌가? 지금은 작곡가가 모든 음을 정해버리지만, 당시에는 작곡가가 전체 틀을 만들어주고, 이를 바탕으로 연주자가 얼마든지 자기 음악을 만들 수 있었다는 뜻이다. 그렇다고 연주자에게 주어진 자유가 작곡가가 만들어놓은 틀까지 바꿀 수 있는 건 아니었다. 작곡가의 뜻과, 그 뜻에 충실하며 맘껏 움직이는 연주자의 자유가 만나 '천상의 음악'을 빚어냈을 것이다. 그러니까 천상의 음악을 만든 비밀 병기는 작곡가의 창작능력도, 연주자의 단순한 장식음 몇 개도 아닌, 작곡가와 연주자 사이에서 발생하는, 이른바 '케미' 아니었을까? 하느님과 나 사이에서도 가끔 발생하는, 그래서 짧은 순간이나마 천상을 맛보게 해주는, 그런 '케미' 말이다.

알레그리 외에도 르네상스 시대의 유명 작곡가들이 시편 51장에 곡을 붙였다. 그중에서도 조스캥 데프레와 카를로 제수알도의 〈미제레레〉가 유명하다. 모두 알레그리 곡과 마찬가지로 무반주 합창곡, 즉 아카펠라 음악이다. 여러 성부가 천천히 움직이며 천상의 소리를 더듬어 가지만, 불쌍히 여겨달라는 인간의 울부짖음은 찾아보기 힘들다. 그만큼 르네상스 시대의 음악은 천상의 소리, 천상의 모습을 갈구했다. 암사슴이 시냇물을 찾듯, 하느님을, 하느님이 계신 곳을 갈구했다. 하지만, 지상에 발을 딛고 사는 우리가 위만 바라보고 살 수는 없는 노릇이다. 예수님도 거룩하게 변모된 모습을 보인 다음, 곧장 지상으로 다시 내려오지 않았던가. 초막을 지어 아예 눌러 앉자는 베드로의 호들갑을 무색하게 만들며… 승천하신 예수님을 바라보던 제자들도 왜 하늘만 바라보냐는 핀잔을 듣고 얼른 예루살렘으로 돌아가지 않았던가. 굳이 성경을 찾지 않더라도 현실은 우리가 하늘만 바라보며 살게 내버려두지 않는다. 지상의 묵직한 삶의 중력은 늘 우리를 끌어당긴다.

천상과 지상의 사이에서

지상에 내려온다고 해서 하늘을 외면하는 건 물론 아니다. 오히려 지상에 발붙이고 살기 위해 하늘을 바라볼 때가 많다. 하늘을 갈망하건, 하늘에 삿대질을 하건, 우리는 끊임없이 하늘을 염두에 두고 지상에서 살아간다. 흔히 종교음악과 세속음악을 구분할 때 전자는 하느님을, 후자는 인간을 주제로 삼는다고 말한다. 하지만 둘 사이의 경계는 뚜렷하지 않다. 세속음악이 표현하는 인간 중에는 알게 모르게 여전히 하느님을 갈구하는 인간이 있게 마련이고, 그런 인간의 마음을 담아낸 음악에는 인간의 모습과 함께 하느님의 체취가 느껴지기 때문이다. 다만 '천상'의 소리를 모방하느냐, 천상을 바라보는 '인간'의 소리를 표현하느냐, 그 차이가 있을 뿐이다.

낭만주의 작곡가 베르디의 오페라에는 인간의 갖가지 세상사가 담겨 있다. 철저한 세속음악이다. 그런데, 오페라 곳곳에 기도 음악이 등장한다. 음악 자체가 화려하지 않아 오페라를 대표하는 노래로 각인되지는 않지만, 인간이 하늘과 맞닿아 있는 존재라는 사실을 묵묵히 상기시키는 '영적인 세속음악'이다. 인간의 기쁨과 슬픔, 사랑과 증오, 배신과 복수, 이 모든 감정을 음악 안에 아름답게 녹여내면서도, 인간은 하느님께 의지해야 하는 나약한 존재라는 사실을 베르디는 결코 잊지 않았던 거다. 너무나 인간적인, 그래서 너무나 영적인 음악이 나올 수밖에 없었던 이유이다. 그런 베르디가 〈미제레레〉를 그냥 지나쳤을 리 없다. 인간 내면에 깊숙이 깔려 있는 바로 그 쇠침, 지상의 나그네 여정에서 누구나 한번쯤 내뱉었을 바로 그 탄식을.

베르디 〈미제레레〉
Giuseppe Verdi (1813-1901) : Miserere - *Il Trovatore* (1853) 중에서

이탈리아의 낭만주의를 대표하는 오페라 작곡가.《나부코》《라 트라비아타》
《일 트로바토레》《아이다》《오텔로》등 오페라 대작을 남겼다. 말년에는 종교음
악에 관심을 보이며,〈아베 마리아〉〈슬픔의 성모〉등을 작곡하기도 했다.

    우연히 들은 음악 한 곡에 가슴이 덜컥 내려앉는 경험을 할 때가 있다. 피아노곡〈미제레레〉도 그 중 하나였다. 뭔가 심상치 않은 음악이란 건 짐작했지만, 아무리 그래도 그렇지, 가사도 없는 피아노 음악에 뭐 이런 심난한 제목을 붙였을까 싶었다. 찾아보니, 베르디의 오페라《일 트로바토레》에 나오는〈미제레레〉를 리스트(1811-86)가 피아노곡으로 편곡한 것이라 했다.《일 트로바토레》를 대표하는 노래는 아니다. 아름답고 강렬한 인상을 남기는 다른 노래들이 워낙 많기 때문이다. 실제로《일 트로바토레》하이라이트 음반 같은 것을 보면,〈미제레레〉의 앞뒤 노래만 있고 〈미제레레〉는 빠져있는 경우가 흔하다. 그럼에도 불구하고, 베르디와 동시대를 살았던 리스트는 수도사들의 나지막한 합창 〈미제레레〉와 그 위에 어우러지는 남녀 주인공의 절절한 탄식에 가슴이 덜컥 내려앉았던 모양이다.《일 트로바토레》가운데 이 장면만 뽑아, 가슴이 덜컥 내려앉은 경험을 피아노 건반 위에 고스란히 옮겨 놓았으니 말이다.

수도사들의 미제레레

'트로바토레'는 중세 음유시인을 가리키는 이탈리아 말로, 프랑스에서는 '트루바도르'라고 불렀다.《일 트로바토레》의 남자 주인공 만리코가 바로 트로바토레, 음유시인이다. 만리코와 레오노라는 서로 사랑하는 사이. 여기에 레오노라를 좋아하며 만리코를 시기 질투하는 루나 백작이 삼각관계를 형성한다. 또 한 명의 주요 인물은 아추체나. 집시이며 만리코를 키운 어머니이다(출생의 비밀도 도사리고 있다! 사실 만리코는 루나 백작의 친동생이다!). 루나 백작의 아버지는 아추체나의 어머니를 화형시킨 인물. 아추체나는 복수를 위해 루나 백작의 동생(만리코)을 데려왔다. 원래 어머니와 함께 불 속에서 죽게 할 작정이었으나, 실수로 자신의 친자식을 불 속에 던졌고, 원수의 아들 만리코를 친아들처럼 키웠다. 루나 백작은 동생을 데려가 죽게 만든 집시가 아추체나임을 확신하고 아추체나를 잡아 성 안에 가둔다. 어머니 아추체나를 구하기 위해 루나 백작의 성으로 달려간 만리코, 그러나 어머니와 함께 성에 갇혀 죽음을 기다리는 신세가 되고, 만리코를 찾아간 레오노라는 성 밖에 서서 "가라, 괴로운 한숨이여, 사랑의 장밋빛 날개를 타고!"라고 노래한다. 《일 트로바토레》를 대표하는 유명한 노래이다. 이 노래가 끝나면 교회 종소리가 울리고 수도사들의 합창이 저 멀리서 들려온다. 미제레레…

> 미제레레. 영원한 이별을 앞둔 이 영혼들을 불쌍히 여기소서.
> 미제레레. 선하신 주님, 이들을 불쌍히 여기시어
> 지옥의 먹잇감이 되지 않게 하소서.

사랑하는 사람의 죽음을 앞둔 레오노라가 제정신일 리 없다. 수도사들의 기도 소리조차 끔찍한 공포로 받아들인다. 심한 고통에 숨이 막히고 심장이 멈추는 것 같다고, 쓰러질 것 같다고 절규한다. 성 안에 갇혀있는 만리코는 보이지 않는 레오노라에게 "날 잊지 말라!"고 노래하고, 레오노라는 이렇게 응답한다. "내 어찌 당신을 잊으리. 내 사랑보다 강한 사랑은 세상에 없으리. 내

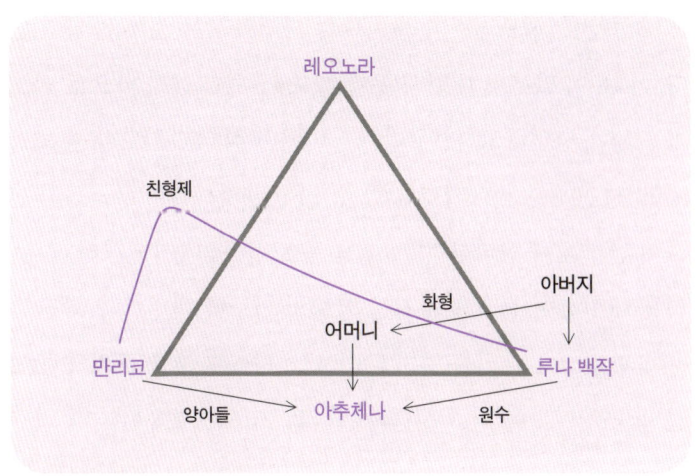

반드시 당신을 구해내리니." 두 사람의 절절한 이중창이 이어지는 동안 수도사들의 〈미제레레〉는 계속 반복된다. 처음에는 죽음을 앞둔 만리코를 위한 기도로 들리지만, 계속 귀를 기울이다보면 죽음을 앞둔 모든 영혼을 향한 기도로 들린다. 나아가 그 죽음으로 마음이 찢어질 사람들을 위한 기도로도 들린다. 그뿐인가, 결국 죽음으로 생을 마감할, 그럼에도 불구하고 하루하루의 삶을 힘겹게 이어가고 있는 우리 모두를 위한 기도로도 들린다. 그래서 가슴이 덜컥 내려앉았나보다. 뭔가 나의 처지를 이해해주는 기도 같아서.

"주님!" "성모님!" 이 한 마디가 기도의 모든 것이 될 때가 있다. 아니, 이 말조차 내뱉지 못할 때도 있다. 그래서 바오로 사도가 이렇게 말했나보다. "우리는 올바른 방식으로 기도할 줄 모르지만, 성령께서 몸소 말로 다할 수 없이 탄식하시며 우리를 대신하여 간구해 주십니다."(로마 8,26) 수도사들의 〈미제레레〉는 우리를 대신하여 간구해 주시는 성령의 기도를 대변한다. 레오노라와 만리코가 관심을 두지 않더라도, 기도 자체를 끔찍하게 여길지라도, 이들을 위한 성령의 탄식과 기도는 계속된다. 우리가 펑펑 울고만 있을 때라도, 불쌍히 여겨달라는 기도조차 할 수 없을 때라도, 아니 그럴 때일수록, 성령의 탄식은 짙어지고 성령의 기도는 간절해질 것이다. 결국 레오노라는 루나 백작에게 그의 여자가 되겠다며 거짓 맹세를 하고, 그 대가로 만리코의 생명을 받아낸다. 하지만 루나 백작의 여자가 될 마음이 없는 레오노라는 독약을 마시고 만리코를 찾아가 탈출을 종용한다. 문제는 독의 기운이 너무 빨리 나타난 것. 결국 만리코 앞에서 레오노라는 죽음을 맞이하고, 루나 백작은 레오노라의 속임수를 알아차리고 분노하며 만리코를 처형한다. 그제서야 아추체나가 말한다. "만리코는 너의 친동생"이라고.

《일 트로바토레》에 나오는 인물치고 수도사들의 〈미제레레〉

기도가 필요치 않은 사람은 단 한 명도 없어 보인다. 그나마 세상을 떠난 레오노라와 만리코는 〈미제레레〉를 연도 삼아 들으며 영원한 안식에 들었을지 모르지만, 아추체나와 루나 백작은 〈미제레레〉 기도 없이, 하느님의 자비 없이, 남은 생을 살아내기 힘든 상황이 되어버렸다. 원수는 갚았으나 사랑하는 양아들을 잃은 아추체나, 자기 손으로 친동생을 죽였다는 죄책감을 평생 안고 가야 할 루나 백작. 어쩌면 수도사들은 지상에 남은 이들을 위해서라도 〈미제레레〉를 계속 바쳤는지 모른다.

우리를 위한 미제레레

이야기가 억지스럽긴 하다. 삼각관계, 출생의 비밀, 한 편의 막장 드라마를 보는 듯하다. 하지만, 막장까지는 아니더라도, 드라마 같지 않은 인생이 어디 있으랴. 오페라 속 인물들만큼은 아니어도, 얽히고설킨 인간관계는 지상에서 피할 수 없는 십자가가 아니던가. 오죽하면 성모님이 수북이 쌓인 수많은 매듭을 끊임없이 풀어주고 계실까? 서로 미워하는 사람들 사이에서는 당연하다고 여길 수도 있지만, 서로 사랑하는 사람들, 서로 신뢰하고 의지하던 사람들 사이에서조차 부지불식간에 생겨나는 수많은 매듭. 운이 좋아 어떻게든 풀리는 매듭도 있지만, 해결의 실마

제1장. 저희를 불쌍히 여기소서 *51*

리조차 보이지 않는 매듭도 얼마나 많은가? 그뿐인가. 매듭이 좀 심하게 꼬이거나 복잡해지면 그냥 포기하고 끊어버리는 일은 또 얼마나 많은가? 그런 매듭을 성모님은 끝까지 자르지 않고 하나하나 풀고 계신다. 어쩌면 우리가 잘라버린 매듭까지 주워와 다시 이어놓고, 언제 잘라졌었냐는 듯 계속 매듭을 풀고 계실지도 모를 일이다.

베르디는 서른 살도 되기 전에 상실의 아픔을 너무 많이 겪었다. 결혼 생활은 단 4년, 그 사이 두 아이를 모두 잃고, 아내까지 잃었다. 그로부터 약 10년 뒤, 어머니도 하늘나라로 보내드렸다. 당시 구상 중이던 오페라가 《일 트로바토레》였는데, 설상가상으로 함께 작업 중이던 대본작가도 세상을 떠났다. 그뿐이 아니었다. 새로이 사랑을 키우던 여성을 아버지가 눈에 불을 켜고 반대하는 바람에, 참다못한 베르디는 법적 절차까지 밟아가며 부자관계를 완전히 끊어버렸다. 아무리 사랑하는 사람을 위한 일이었다지만, 베르디 마음인들 편했을까? 전前 장인과의 관계도 악화일로로 치달았으나, 베르디의 노력으로 이 매듭은 가까스로 풀렸다. 수도사들의 합창〈미제레레〉는 베르디 자신과 주변 사람들(지상에 남았건, 지상을 떠났건)을 위해 온 마음으로 바친 기도였는지도 모른다. 그리고 지상의 수많은 레오노라와 만리코, 아주

체나와 루나 백작을 위해 바친 기도였을 것이다.

가끔, 주변 사람들 기도 덕에 살고 있구나, 느껴질 때가 있다. 성령과 함께 탄식하며 기도해 주는 사람들, 그들이야말로 〈미제레레〉를 노래하며 일상을 살아가는 속세의 수도사들이다. 베르디는 열심히 미사에 참례하는 신자는 아니었던 것 같다. 잘 알려진 대로 베르디는 반反교권주의자였고, 아버지와 관계를 끊어가며 결혼한 두 번째 부인은 늘 혼자 미사에 간다며 투덜거렸다. 하지만 정작 베르디는 많은 오페라 안에 진심 어린 기도를 남겨 주었다. 그리고 이백 년이 지난 지금에도 우리는 그 기도를 들으며 말할 수 없는 위안을 얻고 있으니, 베르디야말로 진정한 속세의 수도사가 아니었을까?

나를 위한 기도라고 내멋대로 해석하며 〈미제레레〉를 듣다 보면, 불현듯 내게 기도 부탁한 사람들이 떠올라 후다닥 묵주를 집어 들기도 한다. 속세의 수도사는 못 되더라도 약속한 건 지켜야지, 하는 마음으로. 그런데 말이다, 베르디의 〈미제레레〉를 듣고 가슴이 철렁 내려앉은 것은 베르디의 절실한 기도가 음악 안에 깃들어 있기 때문일 텐데, 과연 난 얼마나 절실하게 기도를 바치고 있을까? 갑자기 민망해진다. 그래도 희망을 갖는 건 내가 어설프게나마 기도할 때, 성령께서도 함께 탄식하며 기도해줄 것이라는 확신 때문이다. 나는 어설프지만 성령은, 하느님은, 결코 어설프지 않기 때문이다. 그러니까 민망하더라도, 난 오늘도 기도를 계속해야겠다. 어설픈 나를 위해, 어설픈 나한테까지 기도를 부탁한 사람들을 위해, 그리고 나와 함께 있는 걸 마냥 좋아하시는 하느님을 위해.

오라토리오

유독 아름다운 교회음악이 사순절 기간에 많이 탄생했다. 사순절은 대영광송도, 알렐루야도 없고, 음악도 절제하는 기간인데, 어떻게 사순절 음악이 많이 탄생한 것일까? 이유는 간단하다. 교회에서 공식적으로 '음악'을 금했기 때문이다. 물론 교회가 금한 음악은 세속음악, 주로 오페라였고, 그래서 덕분에 많이 탄생한 음악은 종교음악, 혹은 교회음악이라 칭할 수 있는 음악이었다.

18세기, 그러니까 바흐와 헨델이 활동하던 시기, 유럽에서 가장 유행하던 음악은 오페라였다. 당시 오페라는 지금처럼 '고급' 클래식 음악이 아니라 일반 서민이 즐기던 '대중'적인 문화였다. 지금 우리가 영화와 TV 프로그램을 즐기듯 당시 사람들은 오페라를 즐겼다. 오페라를 보면 〈복면가왕〉의 노래솜씨도 감상할 수 있었고, 〈도깨비〉 같은 재미난 이야기도 즐길 수 있었으며, 스펙터클한 무대 연출에 탄성을 질러가며 한껏 눈요기도 할 수 있었다. 그런데 재의 수요일이 시작되면 오페라 상연이 금지되었다. 요즘은 한창 인기 있는 TV 프로그램이 한 번만 결방되어도 불만을 토로하는 댓글이 마구 올라오는데, 40일 동안 결방하는 사태가 벌어진다면? 하느님에 대한 찬미가 우러나올까? 천만의 말씀이지 싶다. 내가 보속 삼아 안 보겠다고 결심하는 것도 아니고, 교회 명령으로 〈복면가왕〉을 못 보게 된다면, 도깨비 부부를 못 보게 된다면, 얼마나 많은 사람들이 교회의 명령을 하느님의 뜻으로 기꺼이 받아들일까?

중세 유럽만 해도 교회의 권고가 사람들의 일상을 지배했다. 그러나 르네상스를 거치면서 인간의 생각이 점점 중요해졌고 신앙생활에서도 '내가' 하느님을 어떻게 찬미하는지가 중요해졌다. 음악 또한 종교음악보다 세속음악에 관심이 집중되고, 종교음악에서조차 하느님에 대한 '나'의 생각, '나'의 감정이 두드러지기 시작했다. 오페라 상연을 금지하는 것은 어느 정도 받아들여졌다. 그러나 음악 자체를 아예 즐길 수 없는 것은 받아들일 수 없었다. 지혜롭게도 사람들은 교회 권고를 존중하며 음악을 즐길 수 있는 방안을 고안해냈다. 오페라의 세속적인 부분을 제거하고 종교적인 내용을 채워 새로운 음악 장르를 만들어낸 것이다. 말하자면, 화려한 의상도 입지 않고, 무대를 멋지게 꾸미지도 않지만, 전문적인 음악가들이 나와 노래도 하고 악기 연주도 들려준다. 내용은 성서 이야기를 바탕으로 한다. 오페라와 비슷하긴 하지만, 성서나 교회 가르침을 음악에 담아 소박한 모습으로 하느님을 찬미하고 묵상하겠다는데, 교회도 막을 이유가 없었다. 그렇게 만들어진 것이 바로 '오라토리오'였다.

오라토리오는 원래 기도실을 뜻하지만, 가톨릭 수도회 이름이기도 하다. 바로 필립 네리(1515-1595) 성인이 세운 오라토리오회가 그것이다. 르네상스 시대에 살았던 필립 네리 성인은 쾌활하고 유머러스한 성격으로 잘 알려진 '기쁨의 성인'이었다. 언젠가 영어로 쓰인 필립 네리 전기를 읽은 적이 있다. 영어 공부를 목표로 읽기 시작한 건데, 예기치 않게 성인에게 빠져버렸다. 워낙 오래 전에 읽어서 잘 기억도 나지 않지만, 지금도 머릿속에 남아있는 아주 사소한 장면이 하나 있다. 한 젊은 사제가 우울한 표정으로 앉아 있었다. 필립 네리 성인이 이 사제를 발견하고는 뒤에서 사제 등을 한 대 쳤다. 그리고는 "뭐가 그리 심각해?"라고 말하며 큰 소리로 웃고 지나갔다는 거다. 당시 내가 좀 우울했던 모양이다. 한 대 맞은 젊은 사제가 기분 나빴겠단 생각만 들었으니 말이다. 하지만 오라토리오회는 성인이 원하는 대로 기쁨이 충만했다고 하니, 확실히 기쁨 바이러스를 가진 분이었던 모양이다. 하긴, 좀 우울할 때, 우울한 얘기를 누군가와 심각하게 나누면서 해결의 실마리를 찾기도 하지만, 진정한 기쁨을 발산하는 사람이 한번 웃어주면 그것으로 우울한 마음이 녹아버릴 때도 있다. 우울함의 원인이 모호할 때는 더욱 그렇다. 물론 그건 아무나 할 수 있는 일이 아니다. 얼굴 근육만 움직여서 되는 일이라면, 누군들 '기쁨의 성인'이 되지 못할까.

필립 네리 성인이 진정한 기쁨을 전하는 데에는 음악의 힘도 한몫 했던 것 같다. 스스로도 음악을 좋아했지만, 많은 사람들을 위해 음악을 적절

필립 네리

히 사용할 줄도 알았다. 말로 성서 말씀을 전하기가 힘들다는 것을 일찌감치 깨닫고, 성서 이야기를 바탕으로 일종의 음악극 공연을 펼친 것이다. 연기도 하고 춤도 추었다. 신자들은 무척 즐거워했다. 음악이 있으니 즐겁지 않을 수 없었다. 지금처럼 쉽게 음악을 접할 수 있던 때도 아니었고, 오페라도 나오기 전이었으니, 교회 밖에서 음악을 들을 수 있다는 것은 그야말로 크나큰 은총이었다. 오라토리오회가 처음 시작했던 일이니, 바로크 시대에 비슷한 음악형식이 나왔을 때 자연스레 '오라토리오'라는 이름이 붙게 되었다. 필립 네리 성인이 활동했던 이탈리아에서 오라토리오가 시작된 것도 너무나 당연한 일이었다. 필립 네리는 세상을 떠난 지 27년 만에 성인으로 시성되었기 때문에, 바로크 시기에는 이미 성인으로 추앙받고 있었다. '오라토리오'라는 이름만으로도 필립 네리 성인을 떠올리게 되고, 성서 내용을 음악으로 전한다 하니, 오라토리오는 교회 안에서 환영받을 만했다. 하지만 정작 오라토리오의 꽃이 만개한 곳은 이탈리아가 아닌 영국이었다. 바로크 시대를 대표하는 작곡가, 오라토리오의 대명사나 다름없는 《메시아》를 작곡한 헨델 덕분이었다.

제2장

― 그가 찔린 것은 우리의 악행 때문이며

| 제2장 |

그가 찔린 것은 우리의 악행 때문이며

독일 출신 작곡가 헨델은 오페라 작곡가로 이름을 남기는 것이 꿈이었다. 당시 오페라 중심지였던 이탈리아로 무작정 달려간 것도 그 때문이었다. 헨델의 계획대로 제2의 고향인 영국에서 꾸준히 오페라를 발표하며 명성과 재력을 모두 쌓았으나, 인간의 계획과 하느님의 계획은 역시 달랐다. 헨델은 오페라가 아닌 오라토리오 작곡가로 역사에 길이 남았다. 지금도 헨델의 오페라는 전곡이 상연되는 경우가 흔치 않은 데 반해, 그의 오라토리오는 세계 각국에서 해마다 끊임없이 울려 퍼진다. 인간의 계획과 하느님의 계획이 달라 당황스러울 때가 종종 있지만, 하느님의 계획이 인간의 계획보다 스케일이 큰 것만은 확실한 듯하다. 평범한 오페라 작곡가가 아닌, 모든 세대를 통틀어 최고의 오라토리오 작곡가로 우뚝 서게 만들었으니 말이다. 물론, 하느님의 거대한 계획이 이루어지려면 먼저 인간의 계획을 버릴 줄 알아야 한다. 《메시아》를 작곡한 헨델처럼.

《파리넬리》(1994)라는 영화가 있었다. 바로크 시대의 오페라 스타였던 카를로 브로쉬의 이야기를 토대로 만든 영화이다. 카를로 브로쉬는 '파리넬리'라는 무대명을 가진 당대 최고의 카스트라토였다. 카스트라토란 거세된 남성 성악가를 뜻한다. 변성기 이전에 거세를 하면 나이가 들어서도 맑고 고운 소년의 목소리로 여성의 높은 음역을, 그것도 성인 남성의 우렁찬 목소리로 노래할 수 있게 된다. 여성의 맑은 고음과 남성의 힘찬 소리가 결합된 이상적인 목소리, 이것이 카스트라토의 매력이었고, 이 때문에 카스트라토는 바로크 시기의 오페라 무대를 장악할 수 있었다.

영화 《파리넬리》에 헨델도 등장한다. 파리넬리는 라이벌 관계에 있던 헨델의 음악을 듣고 한순간에 매료된다. 그리고 헨델의 오페라 《리날도》 가운데 가장 유명한 아리아 〈울게 하소서〉를 무대에서 부른다. 영화의 클라이맥스를 장식하는 부분이다. 물론 이런 일이 실제 있었을 리 만무하지만, 헨델의 음악이 라이벌의 마음까지 사로잡았을 것이라는 영화 속 이야기는 반박하고 싶은 마음이 전혀 없다. 실제로 헨델은 파리넬리의 스승이 이끌던 오페라단과 대척점에 서 있었고, 파리넬리의 스승은 헨델을 이기기 위해 파리넬리를 영국으로 초청했다. 이후 런던의 오페라 공연은 쓸데없는 경쟁으로 치달았다. 서로에게 소비적인 경쟁이었다. 어차피 영국에서 오페라는 사양길을 걷고 있었고, 오페라 공연에 들어가는 비용은 점점 더 감당하기 어려워졌다. 승자는 없이 패자만 남았고, 양측 모두 파산 위기에 직면했다. 헨델은 깔끔하게 오페라를 포기했다. 어쩔 수 없는 선택이기도 했다 (어쩔 수 없는 선택에도 하느님의 섭리는 작용한다!). 바로 그때 대본 하나가 헨델에게 도착했다. 오페라가 아닌 오라토리오 대본이었다. 그즈음 대본 작가는 친구에게 이런 편지를 보냈다. "헨델이 내 대본에 천재적인 음악성과 재능을 발휘해주길 기대하고 있네. 그렇게만 된다면 헨델은 이전 작품들(오페라)을 모두 뛰어넘는 대작을 남길 수 있을 거야. 이전 작품들의 주제를 모두 뛰어넘는 주제니까. 대본 주제는 '메시아'라네."

헨델 《메시아》
George Frideric Handel (1685-1759) : Messiah (1742)

바로크 시대를 대표하는 작곡가. 독일에서 태어났으나 주로 영국에서 활동했다. 《메시아》의 인기 덕분에 오라토리오 작곡가로 잘 알려져 있으나, 당대에는 오페라 작곡가로도 큰 인기를 누렸다.

- 보라, 하느님의 어린 양
- 그는 멸시받고 배척당하였다
- 분명 그는 우리의 병고를 메고 갔으며

《메시아》가 지금까지 가장 유명한 오라토리오 자리를 차지하고 있는 것은 부활절만 되면 한번쯤 듣게 되는 〈할렐루야〉 덕분일 것이다. 하지만 《메시아》는 이사야의 주님 탄생 예언부터 시작하여 예수님의 탄생(1부), 수난과 죽음, 부활과 승천(2부), 이후의 복음 전파, 죽은 이들의 부활(3부)까지 다루고 있는 방대한 작품(총 53곡)이어서, 사순과 부활은 물론, 성탄시기에도 어울리는 레퍼토리이다. 실제로 한동안 《메시아》는 사순과 부활시기보다 대림과 성탄시기의 단골 레퍼토리였다. 물론, 헨델은 《메시아》를 부활절 음악으로 생각하고 있었고, 성공적인 초연 무대도 부활절에 이루어졌다. 성탄과 부활 음악으로 워낙 유명세를 타다 보니 《메시아》를 사순절 음악으로 떠올리는 경우는 많지 않은 듯하다. 《메시아》 가운데 예수님의 수난 부분을 특별히 아끼는 사람으로서 안타까운 일이 아닐 수 없다. 아무리 〈할렐루야〉가 명곡이라 한들, 예수님의 피땀 어린 기도와 십자가를 제쳐두고 〈할렐루야〉만 노래할 수야 없지 않은가?

안쓰럽기 그지없는 '하느님의 어린 양'

오래 전 일이지만, 명동성당으로 매일미사를 다니던 때가 있었다. 매일미사를 다니면 '내 자리'를 정하는 버릇이 있는데(나만 그런 건 아니지 싶다), 명동성당의 '내 자리'는 제대를 보고 왼쪽 앞부분이었다. 나를 울컥하게 만든 그림, 그래서 명동성당만 가면 내 시선이 꽂히는 그림이 그 자리에서 가장 잘 보이기 때문이었다. 제대 위쪽 스테인드글라스에 그려진 묵주기도 열다섯 장면(나중에 추가된 빛의 신비를 제외하고) 중 고통의 신비 1단 장면이 바로 문제의 그림인데, 거기에는 피땀 흘리며 기도하는 예수님이 아닌, 잠들어 있는 제자들을 바라보는 예수님이 그려져 있다. 같이 머물며 기도해줄 거라 믿었던 제자들이 기도는커녕, 완전히 널브러져 잠만 자고 있었으니, 예수님 마음이 어땠을까?

명동성당 그림에는 제자들 모습이 너무나 적나라하게 그려져 있어 민망할 정도이다. 처음 그 그림을 봤을 때는 울컥하다 못해 제자들에게 분노가 일었다. 성경에서 이 장면을 읽을 때와는 또 다른 느낌이었다. 괜히 화가 치밀어 예수님한테 말했다. 난 죽을 때까지 예수님 옆에 딱 붙어서 예수님이 원할 때, 예수님이 원하는 기도를 바치며 살겠다고. 그것이 얼마나 엄청난 기도인지 알았다면, 화를 좀 가라앉히고 내가 할 수 있는 정도가 어디까지인지 꼼꼼하게 계산 먼저 해봤을 텐데… 당시 난 그저 예수님께 위로를 드리고 싶은 마음뿐이었다. 물론, 이후 약속을 잘 지켰다고 자신할 수는 없다. 무엇보다 난 잠이 너무나, 너무나 많다. 이제 나이가 들어 잠을 잘 못 잔다고 하소연하는 친구들도 꽤 있건만, 난 나이가 들수록 잠을 더 많이, 그것도 죽은 듯이 푹 잔다. 이것도 하느님의 은총이려니 생각하지만, 잠이 많아질수록 예수님보다 제자들에게 더 많은 감정이입이 되는 것도 사실이다. 얼마나 졸렸을까. 밥도 먹고 술도 한 잔 했을 텐데. 눈이 절로 감기고 몸이 절로 쓰러지는 걸, 예수님인들 어쩌겠나….

이유는 알 수 없지만, 처음부터 내게 다가온 예수님은 기적을 일으키고 병을 치유해주는 구원자 메시아가 아닌, 믿는 도끼에 발등을 무수히 찍히고도 그 못된 도끼들을 구하겠다고 묵묵히 십자가를 지고 죽음까지 당한, 안쓰럽기 그지없는 '하느님의 어린 양'이었다. 그런데, 무슨 연유인지 그런 '어린 양'이 난 참으로 좋았다. 잘난 척 하지 않아 좋았고, 나와 비슷한 처지인 것 같아 좋았다. 아니, 나와 비슷한 처지가 되려고 온갖 수모를 온몸으로 당해줬기에, 윗자리에서 동정의 손길을 내어주는 것이 아니라 나를 온 마음으로 이해하고 존중하기 위해 스스로 내가 있는 자리로 내려와 주었기에, 더욱 위로가 되고 의지가 되었다. 위기 상황에서 혜성 같이 등장해 모든 일을 해결해주는 드라마 남자주인공에 열광하는 사람도 많지만, 그만큼 사는 것이 힘들어서 그렇기도 하겠지만, 다행인지 불행인지 난 그런 캐릭터에 매료된 적이 거의 없다. 현실을 너무 일찍 알아서일까, 그런 드라마에는 관심조차 없었고, 어쩌다 보게 되면 말도 안 되는 설정이라며 드라마 비판에 열을 올렸다. 실제로 그런 남자를 현실에서 만나 잘 먹고 잘 산다는 사람도 있을 수 있다. 하지만 그렇게 만난 선남선녀들이 과연 '하느님의 어린 양'이 어떤 모습인지 상상이나 할 수 있을까? 예수님이 그렇게 안쓰러운 '어린 양'이라는 걸 받아들일 수 있을까? 그런 예수님을 따라가고 싶어 할까?

내가 함께 있고 싶은 예수님은 안쓰럽기 그지없는 예수님이었다. 예수님의 땀을 닦아드리는 베로니카 성녀가 되고 싶었고,

억지로라도 십자가를 대신 지는 키레네 사람 시몬이 되고 싶었다. 서로 윗자리를 차지하려 다투고, 피땀 흘리시는 예수님을 버려두고 잠만 푹푹 자는, 그런 제자가 되고 싶지는 않았다. 그래서일까, 헨델의 《메시아》 중 가장 유명하다는 〈할렐루야〉는 다른 곡들에 비해 그다지 마음에 와 닿지 않았다. 음악 자체가 장대하고 귀에 꽉꽉 꽂히긴 하지만, "왕 중의 왕" "할렐루야"를 외쳐대며 하느님의 영광을 요란하게 노래하는 것 자체가 예수님의 수난을 벌써 잊은 듯 저 높은 곳만 바라보는 것 같았기 때문이다. 내게는 아직 때 이른 음악이라고나 할까. 오히려 내 마음에 살포시 와닿은 곡은 예수님의 수난을 이야기하는 2부의 첫 곡 〈보라, 하느님의 어린 양〉이었다.

세상의 죄를 없애시는 '하느님의 어린 양'

《메시아》 2부는 "보라, 하느님의 어린 양Behold the Lamb of God"이 메아리치듯 조용히 울려 퍼지며 시작된다. 곧이어 "세상의 죄를 없애시는 분that taketh away the sin of the world"이 역시 메아리치듯 울려 퍼진다. 이것이 2부 첫 곡 가사의 전부이다. 처음부터 끝까지 "하느님의 어린 양"과 "세상의 죄"가 반복해서 울려 퍼지는 탓에, 2-3분 남짓한 짧은 합창곡임에도 불구하고, 가사가 외국어임에도 불구하고, 다 듣고 난 후에는 "하느님의 어린 양Lamb of God"과 "세상의 죄sin of the world" 두 구절이 귓속에 이명耳鳴처럼 남게 된다.

> 요한은 예수님께서 자기 쪽으로 오시는 것을 보고 말하였다.
> "보라, 세상의 죄를 없애시는 하느님의 어린 양이시다." (요한 1, 29)

선입견 때문인지 세례자 요한이라면 쩌렁쩌렁 울리는 목소리로 **"보라! 하느님의 어린 양이시다!"**라고 외쳤을 것만 같다. 하지만, 헨델이 구현한 세례자 요한은 나지막한 목소리로 재차 끈질기게 말을 건네는 듯하다. "봐봐, 저기 저기⋯ 하느님의 어린 양이잖아⋯ 봐봐⋯ 맞지, 맞지? 하느님의 어린 양, 맞지? 세상의 죄를 없애신다아아. 그치? 그치?" 이쯤 되면 레오나르도 다빈치의 그림 〈세례자 요한〉의 모습이 자연스레 겹쳐진다. 십자가를 들고 조용히 손가락으로 하늘을 가리키는 세례자 요한. 얼굴은 온화한 여성 같고, 미소는 모나리자를 연상케 한다. 어쩌면 세례자 요한은 정말로 온화한 미소를 보이며 "봐봐, 저기 저기⋯ 하느님의 어린 양이잖아⋯"라고 말했을지도 모른다. 무서운 얼굴을 하고 쩌렁쩌렁한 목소리로 외치는 것보다 더 효과적일 수 있으니 말이다.

실제로 합창단의 여러 성부가 번갈아가며 "하느님의 어린 양"을 거듭 노래하는 사이, 마음속에는 잔잔한 물결이 일렁거리기 시작하여 조금씩 파고가 높아져간다. 요한복음에 보면 세례자 요한은 "하느님의 어린 양"이란 말을 두 번 반복한다. 두 번째는 제자들이 함께 있는 자리였고, 이 말을 들은 두 제자는 '괘씸하게도' 스승 요한을 버리고 예수님을 따라간다. 스승이 두 번이나 말씀하시니까, 마치 예수님을 따라가라고 다그치는 것 같으니까, 그래서 따라가지 않았을까? '하느님의 어린 양'이 무슨 뜻인지도 모르면서? 하긴, 나도 뭣도 모르면서 예수님을 따라가겠다며 혼자 들썩들썩하지 않았던가?

이 성찬에 초대받은 이는 복되도다

예수님을 따라 살아야겠다는 결심을 굳힌 후, 새벽미사를 '염탐'하기 시작한 건 대학 3학년 때였다. 잠 많은 사람이 새벽미사를 하려면 전날부터 얼마나 큰 희생이 따라야 하는지, 잠 많은 사람만이 알 것이다. 일단 학교 공부는 뒷전으로 하고 동네 성당 맨 뒤 구석 자리를 매일 새벽 찾아갔다. 시간을 두고 충분히 '염탐'을 한 뒤, 천천히 예비자 교리인지 뭔지를 들어볼 생각이었다. 그런데 예상보다 예비자 교리를 일찍 시작하게 되었다. 이유는, 많은 사람들이 그렇듯, 영성체 때문이었다. "이 성찬에 초대받은 이는 복되다"는데 난 초대받지 못한 불청객인가? 저걸 못 먹으면 복도 못 받는다는 건가? 세상의 죄를 없애준다면서, 치사하게 먹는 것 가지고 사람을 차별해도 되는 건가? 슬슬 심통이 나기 시작했다.

> 보라! 하느님의 어린 양,
> 세상의 죄를 없애시는 분이시니,
> 이 성찬에 초대받은 이는 복되도다.

내가 원래 식탐이 좀 있는 편이다. 요리도 못 하는 주제에 먹고 마시는 걸 정말 좋아한다(모든 것이 과유불급이거늘, 과할 정도로 좋아해서 문제를 일으키긴 하지만…). 내가 예수님을 좋아하는 또 하나의 이유도 예수님이 '먹보요 술꾼'이었기 때문이다. 나같이 '별 볼일 없는' 사람들과 함께 늘 즐거이 먹고 마셨던 예수님, 그들을 위해 먹고 마실 것을 항상 준비해주신 예수님을 난 좋아한다. 그래서 카나 혼인 잔치 이야기는 읽을 때마다 마음이 풍요로워지고, 오병이어 기적은 굶어죽진 않겠구나 하는 안도감을 불러일으킨다. 또한, 부활하시고 나서 제자들에게 153마리 물고기를 잡게 한 후 "와서 아침을 먹어라" 하고 말씀하시는 부분을 읽을 때면 입가에는 미소가, 마음속엔 온기가 가득 퍼진다.

미국 유학 중 너무나 부당하게 한 사람으로부터 집중 공격을 당한 적이 있었다. 충격이 워낙 심해 자리에 누워버렸다. 움직일 수조차 없었다. 타향살이 중이니 곁에 사람도 없고, 이러다 죽을 수도 있겠구나, 생각했다. 그런데 이틀 후 꿈속에서 "일어나 아침 먹어라" 하는 소리가 들려왔다. 목소리는 돌아가신 어머니였는데, 펼쳐진 광경은 부활하신 예수님이 숯불을 피워 물고기를 굽고 있는 호숫가 풍경이었다. 꿈에서 깨어났는데 히죽히죽 웃음이 끊이질 않았다. 한참을 누워 꿈속 광경을 되짚고 또 되짚었다. 혹여 잊어버리기라도 할까봐. 충분히 곱씹은 다음, 가볍게 몸을 일으켰다. 그리고 언제 그랬냐는 듯 평소처럼 밥을 챙겨 먹었다. 그것도 아주 맛있게, 아주 많이.

식탐이 있는 사람에게 영성체는 크나큰 미끼가 되기도 한다. 게다가 썩어 없어질 양식도 아닌, 생명의 양식을 준다 하지 않는가? 결국 먹는 일에 빠질 수 없다는 신념으로 예비자 교리를 받고 세례를 받았다. 참으로 단순하다며 기막혀 할 사람도 있겠지만, 따지기 좋아하는 내게 이런 황당한 계기는 크나큰 은총이 아닐 수 없었다. 수녀원에서 운영하는 고등학교를 다닌 터라, 3년간 한 달에 한 번은 꼭 미사에 참여했었는데, 그때는 심통이 나지 않았었다. 관심조차 없었다. 그런데, 고등학교 졸업 후 단 3년 만에 스스로 그 먹을 것을 찾아 나선 것이다. 이 정도면 먹고 싶은 욕구조차 하느님의 은총, 하느님의 부르심이었다고 우겨도 되지 않을까?

난 지금도 미사 전례 가운데 평화의 인사 다음 부분을 가장 좋아한다. "하느님의 어린 양, 세상의 죄를 없애시는 주님, 자비를 베푸소서"라고 합송할 때면 눈을 부릅뜨고 십자가 위의 예수님을 뚫어지게 바라본다. 그러고 나서 사제가 성체를 높이 치켜들면, 나도 성체에 눈을 맞춘다. 그리고 마침내 들려오는 소리, "보라! 하느님의 어린 양, 세상의 죄를 없애시는 분이시니, 이 성찬에 초대받은 이는 복되도다." 마치 예수님을 눈으로 보는 듯하다. 지상에서 예수님을 이렇게 자주 만날 수 있다니, 정말 복된 존재가 된 느낌이다. 이제 더 이상 심통 부릴 일도 없다. 그저 감사할 뿐이다. 안쓰러운 '하느님의 어린 양' 곁에서 기도할 수 있어 감사하고, 예수님이 몸 바쳐 차려주신 성찬에 함께 할 수 있어 감사하다. 정말 감사하고, 정말 좋다.

멸시받고 배척당한 고통의 사람
사실, 〈보라, 하느님의 어린 양〉보다 훨씬 유명한 곡이 바로 다음에 이어지는 알토 독창〈그는 멸시받고 배척당하였다〉이다. 〈할렐루야〉와 함께《메시아》를 대표하는 노래라 해도 과언이 아니다. 그래서 이 곡만 따로 떼어 무대에 올리는 경우도 종종 있으나, 역시 이 노래는 앞뒤 노래를 이어 들을 때 감동이 배가 된다. 〈보라, 하느님의 어린 양〉〈그는 멸시받고 배척당하였다〉〈분명 그는 우리의 병고를 메고 갔으며〉, 제목만 봐도 마치 연작시 같은 느낌이 들지 않는가?

"보라, 하느님의 어린 양, 세상의 죄를 없애시는 분"을 끈질기게 반복하는 세례자 요한의 목소리가 머릿속에서 계속 메아리치는 가운데 두 번째 곡의 의미심장한 전주가 들려온다. 마치 세례자 요한이 천천히 목을 가다듬는 듯하다. 그리고는 단호한 목소리가 들려온다. "그는 사람들에게 멸시받고 배척당하였다." "**멸시받고**despised", "**배척당한**rejected", "**고통의 사람**a man of sorrows", "**병고에 익숙한 이**acquainted with grief" 등이 또박또박 정확한 발음으로 여러 번, 천천히 반복된다. 마치 한 사람이라도 못 알아듣는 사람이 있으면 어쩌나 걱정스러운 듯, 결의에 찬 목소리로 첫 구절을 반복한다. 이사야 예언자의 말씀이긴 하지만,〈보라, 하느님의 어린 양〉에 이어 세례자 요한이, 이번에는 목소리에 힘을 주어 결연한 태도로, '하느님의 어린 양'은 '멸시받고 배척당한 분'이라는 사실을, '고통의 사람'이라는 사실을, 광야 한복판에서 외치는 듯하다. 여성이 부르는 노래이긴 하지만, 평소 각인되어 있던 세례자 요한의 모습이 그대로 떠오르는 순간이다.

> 사람들에게 멸시받고 배척당한 그는 고통의 사람,
> 병고에 익숙한 이였다. (이사 53,3)

> 그는 매질하는 자들에게 등을,
> 수염을 잡아 뜯는 자들에게 뺨을 내맡겼고,
> 모욕과 수모를 받지 않으려고 얼굴을 가리지도 않았다. (이사 50,6)

> 사람들에게 멸시받고 배척당한 그는 고통의 사람,
> 병고에 익숙한 이였다. (이사 53,3)

첫 구절은 뒤에서 다시금 반복된다. 그 사이에 끼어있는 두 번째 구절 "그는 매질하는 자들에게 등을"에서는 곡의 분위기가 완전히 달라진다. 뭔가 엄청난 일이 터진 것처럼 오케스트라 반주가 급박하게 내달린다. 〈보라, 하느님의 어린 양〉에서 시작된 파고가 마침내 제어할 수 없을 정도로 거세어지는 분위기다. 예수님을 매질하는 이들의 채찍 소리 같기도 하고, 그 주변에 모여든 군중의 소요 같기도 하다. 그런가 하면, 이들을 바라보며 "이 독사의 자식들아!"라고 포효하는 세례자 요한의 외침 같기도 하다. 당시의 종교음악은 감정의 기복이 그리 심하지 않은데, 이 곡은 마치 드라마틱한 오페라 아리아를 듣고 있는 것 같다. 오페라 장면처럼 예수님과 세례자 요한, 채찍질하는 군사와 군중이 눈앞에 생생하게 그려진다. 《메시아》에 나오는 50여 곡 가운데 가장 긴 음악(10-11분)이니만큼, 떠오르는 장면을 눈앞에 그려내고 묵상하기에 시간도 충분하다. 오페라 작곡가로서 헨델의 면모가 여실히 드러난 작품이라는 평을 듣는 것도 이 때문이다.

모든 일이 서로 작용해서 좋은 결과를

헨델이 그토록 애착을 갖고 있던 오페라를 포기했을 당시, 헨델의 마음은 어땠을까? 일이 잘 풀리지 않아 좌절하는 사람에게 하느님의 계획이 따로 있을 거라며, 앞으로 잘 될 것이니 걱정하지 말라며, 막연한 위로를 건네기는 쉽다. 하지만, 당사자에게 그런 말이 얼마나 위로가 될까? 더욱이, 잘 풀리지 않는 일이 그동안 억지로 해온 일이 아니라, 정말 좋아서, 정말 의미 있는 일이라 믿어 의심치 않아서, 온 마음을 바쳐 일구어온 일이라면? 게다가 많은 사람들의 응원까지 받은 일이라면? 정말 기꺼이 그 일을 포기할 수 있을까?

"주님은 한쪽 문을 닫으실 때 다른 창문을 열어 놓으신다." 영화 《사운드 오브 뮤직》에 나오는 유명한 대사이다. 그런데 닫히는 문과 열리는 문이 완전히 다른 곳에 있지는 않은 것 같다. 어떻게든 두 문은 연결되어 있을 때가 많다. 게다가 닫아놓은 문조차 결국에는 하느님이 정성스레 리노베이션을 한 후 다시 열어주시곤 한다. 그러니까 하느님이 문을 닫으실 때 그 문은 폐쇄되는 것이 아니라, "모든 일이 서로 작용해서 좋은 결과를" 이룰 때까지 잠시 통행금지 푯말을 달아 두고 하느님이 사부작사부작 손보시는 것이리라.

헨델이 오페라를 포기했을 때, 헨델은 오페라의 문이 닫힌다고 생각했을 것이다. 하지만 그 문은 헨델이 오라토리오를 작곡하며 하느님을 찬미하기 시작했을 때 다시 열리기 시작한다. 다만 '오페라'라는 낡은 가죽 부대가 아닌, '오라토리오'라는 새 가죽 부대에 넣어져 나타났을 뿐이다. 헨델이 오페라 작곡으로 수십 년간 훈련되지 않았던들, 《메시아》가 그렇게 드라마틱한 옷을 입을 수 있었을까? 그렇게 찬란한 빛을 발할 수 있었을까?

> 하느님을 사랑하는 사람들 곧 하느님의 계획에 따라 부르심을 받은 사람들에게는 모든 일이 서로 작용해서 좋은 결과를 이룬다는 것을 우리는 압니다. (로마 8,28)

사람의 자아自我는 그것이 좋건 나쁘건, 버리기 위해 존재한다는 말을 들은 적이 있다. 지금까지의 삶을 돌이켜보면, 충분히 공감하고도 남는 말이다. 그럼에도 불구하고, 이런 것까지 버려야 하나, 이 정도는 괜찮지 않을까, 여전히 고집을 피우고 싶을 때가 종종 있다. 하느님은 우리를 있는 그대로 사랑한다 하지 않았던가? 우리가 죄인이라 해도 우리는 하느님 마음에 가장 소중한 존재라 하지 않았던가? 그런데 왜 자꾸 자기를 버리라는 것인가? 하느님이 기껏 창조해놓고서? 억울하고 귀찮은 마음에, 그냥 이렇게 살다 죽으련다, 버티면서 나 몰라라 할 때도 있다. 그럴 때마다 억지로, 정말 억지로, 십자가를 바라보곤 한다. 고집을 피운 적도 없으면서 벼랑 끝까지 내몰려야 했던 분, 아버지의 따뜻한 말 한 마디 듣지도 못하고 십자가 위에서 죽어야 했던 그 분. 더욱이 그 분은 하느님의 외아들 아니던가? 하느님과 같은 분 아니던가? 그런 분을 이 세상에 내던져 놓고는, 온전히 아버지의 뜻을 따르게 했으니⋯ 하느님과 같으신 분에게 의지를 포기하라 했으니⋯

오죽하면, "제 뜻이 아니라 아버지의 뜻이 이루어지게" 해달라 기도할 때 땀이 핏방울처럼 흘렀을까? 물론 우리는 그 뒤의 일을 알고 있기에 "모든 일이 서로 작용해서 좋은 결과를 이룬다"고 감히 말할 수 있다. 그렇긴 해도, 겟세마니 동산에서 기도하시는 그 분을 떠올릴 때마다 여전히 가슴은 먹먹해진다. 그 분의 피로 이룬 '좋은 결과'라는 것이 결국 누구를 위한 것인지 알기에, 더더욱 먹먹해진다.

그는 우리의 병고를 메고 갔으며

명동성당이 옛 모습을 잃어버린 후에는 발걸음이 뜸해졌지만, 문제의 그림, 널브러져 자고 있는 제자들을 바라보는 예수님을 보러 사순절엔 한번쯤 명동성당을 찾곤 한다. 예수님 곁에 머물며 예수님이 원하는 기도를 바치며 살겠다는 옛날의 약속을 되새기기 위해서이다. 그런데, 그 옛날 내 모습을 떠올리면 피식 웃음이 나올 때가 많다. 예수님이 누구를 위해 피땀을 흘리시고, 누구를 위해 십자가 위에서 죽으셨는데, 예수님의 고통이 나와는 상관없는 일이라는 듯, 마치 나 아닌 다른 사람들만을 위한 것인 양, 비장한 각오를 다지며 예수님을 위해, 예수님과 함께 기도하겠다고 큰소리친 것일까? 마치 예수님의 고통을 덜어줄 수 있기라도 한 것처럼, 세상의 죄를 내가 없애기라도 할 것처럼, 제자들에게 화까지 내며 수선을 떨었던 걸까?

> 분명히 그는 우리의 병고를 메고 갔으며
> 우리의 고통을 짊어졌다.
> 그가 찔린 것은 우리의 악행 때문이고
> 그가 으스러진 것은 우리의 죄악 때문이다.
> 우리의 평화를 위하여 그가 징벌을 받았다. (이사 53,4-5)

〈보라, 하느님의 어린 양〉〈그는 멸시받고 배척당하였다〉에 이어지는 세 번째 곡은 "**분명히, 분명히**surely, surely"를 외치며 시작되는 짧은 합창곡이다. 확신에 찬 목소리로 "**분명히, 분명히, 그는 우리의 병고를 메고 갔으며 우리의 고통을 짊어졌다**Surely, surely, he has borne our griefs and carried our sorrows"라고 노래하다가, 갑자기 자기 소리를 죽여 "그가 찔린 것은 우리의 악행 때문he was wounded for our transgressions"이라고 노래한다. 마치 내가 예수님을, 그렇게 안쓰러운 예수님을 위해 기도하겠다고 큰소리치다가, 어느 날 갑자기 고개를 숙이고 기어들어가는 목소리로 이렇게 고백하는 듯하다. "그런데, 예수님이 그렇게 안쓰럽게 된 건 말이지… 누구 때문이냐면…"

저는 쓸모없는 종입니다.

푹푹 잠만 자고 있던 제자들을 질책하며 큰소리치던 시절, 지금은 상상할 수조차 없는 열정이 들끓고 있었던 건 사실이다. 기도 부탁을 받으면 정말 성심성의껏 기도해 주었다. 부탁을 받지 않아도 누군가 기도가 필요하구나, 감이 오면 그 사람을 위해 정성껏 기도를 바쳤다. 나를 위한 기도는 왠지 이기적인 것 같아 대부분 미루어 두고, 남을 위한 기도는 온 마음을 다해 바쳤다. 그런데 눈에 보이게 기도가 이루어지는 일이 꽤 있었다. 처음에는 신기하고 감사한 마음뿐이었는데, 문제는 그 다음이었다. 슬슬 생색을 내고 싶어진 것이다. 내 기도가 이루어졌다 자랑하고 싶어졌고, 고맙다는 말을 기어이 받아내고 싶어졌다. 내게 주어진 것은 모두 내 것이 아니거늘, 그것이 재물이건, 명예건, 영적 선물이건 간에, 거저 받은 것을 내 것인 양 소유하려 할 때, 예수님의 피땀은 점점 짙어진다는 사실을 얼마나 자주 잊고 사는지… 우리의 고통을 짊어진 분은 예수님이고, 열매를 맺게 해준 분은 하느님인데, 어떻게, 내가, 무슨 염치로, 생색을 낸단 말인가? 예수님의 공로를 가로채려는, 가당치도 않은 일을 도모하려는 파렴치한이 아니라면, 감히 어떻게 그런 생각을 품을 수 있을까?

마더 데레사 성녀는 자신이 하는 일을 망망대해 안의 물 한 방울에 비유한 적이 있다. 마더 데레사가 하신 그 어마어마한 일이 물 한 방울이라면, 내가 남을 위해 한다는 기도는 흔적이나 남길 수 있을까? 혹여 나의 한 방울은 있으나 없으나 마찬가지 아닐까? 그런데 마더 데레사는 한 마디 덧붙이신다. 하느님은 바로 그 물 한 방울을 반드시 필요로 하신다고. 그렇다면, 나의 물 한 방울도, 눈에 보이지도 않을 작디작은 한 방울도, 하느님은 필요로 한다는 걸까? 이렇게만 생각하면 하느님 앞에 불려갔을 때 하느님 얼굴을 흘끔이라도 바라볼 수 있을 것 같아 조금 안심이 된다. 하지만, 그렇다고 해서 생색낼 일도 결코 아니라는 것을, 마더 데레사는 스스로에게, 우리 모두에게 일깨워주고 싶었던 것 같다. 여전히 물 한 방울은 미미한 것이고, 미미한 것을 모아 망망대해를 이루시는 분은 하느님뿐이시니….

옛날에 비해 열정이 많이 사그라들긴 했지만, 예수님 곁에 머물며 예수님이 원하는 기도를 바치고 싶은 마음은 지금도 여전하다. 하지만 요즘은 기도 응답을 받는다 해도 하느님께만 감사 기도를 올릴 뿐, 사람들에게는 기도해줬다는 말도, 기도를 들어주셨다는 말도 하지 않으려 한다. 기도해 줘서 고맙다는 인사를 들어도 일단 과장되게 손사래부터 친다. 내가 받을 인사가 아니라며 일부러 크게 웃기도 하고 괜히 다른 이야기를 꺼내 떠들어대기도 한다. 내가 생각해도 부산스럽기 그지없다. 그런데, 고맙다는 인사를 받으면 여전히 기분은 좋다. 하느님이 나를 좀 쓰셨네, 내심 뿌듯해한다. 어쩔 수 없는 속물인가보다. 죽을 때까지 속물로 살 것 같긴 하지만, 조금이라도 속물근성을 희석시켜볼까 싶어 요즘은 예수님과의 약속을 기억하며 마음을 다잡을 때마다 의식적으로 한마디 덧붙이곤 한다. 저는 쓸모없는 종입니다. 당연히 해야 할 일을 한 것이고, 앞으로도 계속 하고 싶을 뿐입니다. (루카 17,10)

아뉴스 데이

아뉴스 데이	하느님의 어린 양,
퀴 톨리스 페카타 문디	세상의 죄를 없애시는 주님,
미제레레 노비스.	자비를 베푸소서.
아뉴스 데이	하느님의 어린 양,
퀴 톨리스 페카타 문디	세상의 죄를 없애시는 주님,
도나 노비스 파쳄.	평화를 주소서.

    사순절에 일부러 찾아 듣는 음악 가운데 빼놓을 수 없는 것이 바로 미사곡 중 〈하느님의 어린 양〉, 즉 〈아뉴스 데이〉이다. 미사곡은 자비송(키리에)-대영광송(글로리아)-신앙고백(크레도)-거룩하시도다(상투스)-하느님의 어린 양(아뉴스 데이) 등 미사통상문 다섯 부분을 기본으로 하는데, 오페라처럼 스토리가 있는 것도 아니고 연주시간도 만만치 않게 길어서, 진득하게 전곡을 감상하기가 쉽지는 않다. 하지만, 〈아뉴스 데이〉만 따로 떼어 듣기에는 전혀 무리가 없다. 연주시간도 길지 않고, 사순절 키워드가 응집되어 있을 뿐 아니라, 몇 번만 듣다보면 짧은 라틴어 가사까지 익숙해지기 때문이다. 게다가 바흐, 하이든, 모차르트, 베토벤, 슈베르트 등 유명하다는 작곡가들이 앞 다투어 미사곡에 창작의지를 불태워준 덕분에, 입맛에

맞는 〈아뉴스 데이〉를 골라 듣는 호사까지 누릴 수 있다. 그 가운데 사순절 맞춤으로 단 한 곡만 고르라고 한다면, 연주시간이 조금 길긴 하지만(15분 정도), 베토벤의 유일한 미사곡 《장엄미사》에 나오는 〈아뉴스 데이〉를 권하고 싶다. 많은 사람들이 봤음직한 영화 한 편 때문이다.

영화 《패션 오브 크라이스트》(2004)의 겟세마니 장면은 충격 그 자체였다. 여자인지 남자인지 알 수 없는 사탄이 눈썹도 없이 허연 얼굴을 하고 스윽 나타난 것도 충격이었지만, 그렇게 서늘한 모습의 사탄이 겟세마니에서 피땀 흘리며 기도하던 예수님 앞에 떡하니 나타났다는 것이 더 충격이었다. 그러고 보니, 예수님이 광야에서 만났던 사탄은 다음 기회를 노리고 떠나갔다고 하지 않았던가? 그 사탄이 하필 겟세마니에, 안그래도 죽을 힘을 다해 버티고 있는 예수님 앞에, 그런 기이한 모습으로 나타났단 말인가? 그뿐이 아니다. 그럴 듯한 말을 진지하게 건네며 예수님을 흔들려 한다. "사람들 죄 때문에 죽는다고? 그게 말이 되니? 모든 죄를 혼자 감당한다는 것 자체가? 말도 안 되지!" 광야에서 했던 짓거리 그대로다. 그런데, 예수님은 광야에서와 달리 사탄에게 아무 대꾸도 하지 않는다. 계속 아버지께 기도할 뿐이다. "아버지의 뜻이 이루어지소서." 금방 혼절할 듯 힘들어하던 예수님은 평정을 되찾은 얼굴로 결연히 일어선다. 그리고는 사탄에게서 삐져나온 뱀을 발로 밟아 으스러뜨린다.

사실, 사탄의 존재는 의식하지 못했었다. 공생활 직전 광야에서 마주친 사탄조차 심각하게 생각지 않았다. 예수님은 하느님과 같은 분이니까, 당연히 의연하게 성서 말씀으로 사탄을 물리쳤겠지, 생각했다. 광야의 예수님을 묵상할 때마다 예수님은 조금 야위었지만 모든 것을 초월한 평화로운 모습으로, 사탄은 안절부절하는 모습으로 떠올린 것도 그 때문이었다. 그런데, 겟세마니의 사탄을 보고 있자니, 어쩌면 광야에서도 예수님은 극도의 고통을 겪으며 힘겹게 사탄에 대항했을지 모르겠다, 문득 그런 생각이 들었다. 우리 또한, 예수님과는 비교도 되지 않을 고통이지만, 크고 작은 고통 속에서 사탄과 맞닥뜨릴 때가 있지 않던가? 그런데 우리는 작은 고통도 마치 예수님이 겪은 고통인 양 크게 부풀리고, 작은 상처에도 격하게 몸부림치며 고통의 나락으로 빠져들 때가 얼마나 많은가? 반면, 이웃이 겪는 고통과 상처에는 아랑곳 않으며 나와 나의 가족의 안위만 생각하는 경우는 또 얼마나 많은가? 그럴 때마다 사탄은 이렇게 속삭이고 있을 것이다. "너는 살 수 있는데, 왜 다른 사람들까지 생각하는 건데? 네가 다른 사람들까지 감당한다고? 그게 말이 되니?" 사탄의 의도대로 기도마저 포기하고 자괴감에 빠져 허우적거리거나, 자괴감에 빠진 사람들을 나 몰라라 외면하고 나와 내 가족을 위한 기도에만 집중한다면, 사탄은 얼마나 통쾌하게 웃어댈 것인가? 우리가 사탄에게 대항할 무기는 하느님밖에, 약하디 약한 어린 양 밖에 없거늘, 나 자신에게 침잠해 들어가 옴짝달싹 않는 때가 왜 그리 많은 걸까?

악마의 간계에 맞설 수 있도록
하느님의 무기로 완전히 무장하십시오. (에페 6,11)

베토벤의 《장엄미사》 중 〈아뉴스 네이〉를 들으며 바오로 사도가 말씀하신 영적 투쟁이 떠오른 것은 《패션 오브 크라이스트》를 본 이후였다. "아뉴스 데이, 퀴톨리스 페카타 문디, 미제레레 노비스"의 어둡고 처절한 음악에서는 피땀이 흐를 정도로 괴로워하는 예수님의 모습이, "도나 노비스 파쳄"의 밝고 힘찬 음악에서는 사탄의 속삭임에도 불구하고 아버지의 뜻을 이루게 해달라며 기도한 후 결연히 일어서는 예수님의 모습이 겹쳐진다. 그렇게 음악이 끝나나보다 싶은 순간, 타악기가 불안한 분위기를 조성하는 가운데 트럼펫의 팡파르 소리가 들려오고 다급한 노랫소리가 이어진다. '전쟁 동기'라고 부르는 이 부분을 두고 사람들은 당시 혼탁했던 '바깥' 세상을 생각하며 평화를 갈구하는 베토벤의 심정을 묘사한 것이라 해석하곤 한다. 하지만 난, 순전히 개인적인 견해지만, '전쟁 동기'를 '사탄이 맘껏 움직이는 세상(바깥세상이건 내면세계이건 간에)'에 대항하는 베토벤의 영적 투쟁으로 해석하고 싶다.

《장엄미사》를 작곡할 당시, 베토벤은 청력을 완전히 상실한 때였다. 20여 년 전 이미 청력 상실에 대한 절망감으로 유서를 작성했고, 이즈음 베토벤의 유일한 오라토리오 《올리브산의 그리스도》가 탄생한다. 겟세마니 예수님의 인간적인 고통에 초점을 맞춘 작품이다. 아마 베토벤은 이때부터 길고긴 영적 투쟁을 시작했을지 모른다. 베토벤은 가톨릭에서 세례를 받았지만, 미사 참례도 하지 않았고, 종교음악에 별다른 관심도 없었다. 하지만, 베토벤 음악을 사랑하는 사람이라면, 그가 음악으로 사탄에 대항할 수 있는 튼튼한 갑옷을 수십 벌 만들어주었음을 인정할 것이다. 베토벤은 세상을 떠나기 몇 해 전, 의식적으로 자신의 종교적 심성을 파고들었다. 그 결과가 《장엄미사》였으니, 〈아뉴스 데이〉를 베토벤의 영적 투쟁으로 받아들인다 해도 베토벤이 화를 낼 것 같지는 않다. 오히려 아껴 두었던 포도주를 꺼내 한잔 따라줄지도 모를 일이다. 죽음을 앞두고 말할 수 없이 괴팍해졌지만 따뜻한 마음만은 잃지 않았던 베토벤 할아버지, 그가 속내를 들켰다는 듯 쑥스러운 미소를 지으며….

제3장

― 오, 피투성이 상처로 물든 머리여!

| 제3장 |

오, 피투성이 상처로 물든 머리여!

주 예수 바라보라, 정성된 맘으로
거룩한 머리 위에 피땀이 흐르며
지존한 주의 몸에 상처 가득하다
목석과 같은 자야, 눈물도 없느냐

사순절이면 한두 번 부르게 되는 노래, 가톨릭성가 116번 〈주 예수 바라보라〉이다. 가톨릭 신자가 아니어도, 어디서 들어본 것 같은데, 고개를 갸우뚱할지 모른다. 아니, 생전 처음 듣는 노래라 해도 상관없다. 한 번만 들어봐도 귀에 쏙 박히는 노래인지라, "어라, 이게 뭐지?" 하는 반응이 당장 나올 테니 말이다. 116번 악보 오른쪽 위를 보면 바흐라고 쓰여 있다. 역시, 그 유명한 바흐가 만든 음악이군, 생각할 수 있다. 그런데, 바흐 아래 또 한 사람의 이름이 보인다. 한스 레오 하슬러. 바흐만 기억해준다면 좀 억울해할지도 모를 사람, 바로 116번 성가의 원작자이다.

성가대 음악을 모든 신자들의 음악으로

16세기, 로마 가톨릭과 결별한 독일의 신학자 마르틴 루터는 새로이 전례를 정비하는 과정에서 음악을 특별히 중요하게 여겼다. 물론, 가톨릭교회가 음악을 소홀히 여겼던 건 아니다. 하지만, 당시 가톨릭교회에서 중요시한 음악은 성가대 음악이었고, 루터가 중요시한 음악은 신자들이 다함께 참여할 수 있는 음악이었다. 예컨대, 앞서 소개한 알레그리의 〈미제레레〉는 전적으로 성가대 음악이었다. 노래가 어렵거나 음이 높아서라기보다, 여러 성부의 신율들이 서로 엇갈리는 박자 속에서 제각각 움직이기 때문이다. 성가대조차 상당한 연습이 필요한 음악이다. 그러니 미사 중에 노래는 성가대만 부르고 신자들은 입을 꾹 다물고 있어야 했다. 우리도 부활이나 성탄 대축일 미사 때면 고된 연습을 마친 성가대가 아름다운 미사곡을 선보이곤 한다. 듣기에는 아름답지만, 신자들은 따라 부르지도 못하면서 그 길고 긴 미사곡을, 그것도 서서, 게다가 라틴어로 듣고 있어야 한다. 클래식 음악이 익숙하지 않은 사람에게는, 더욱이 성가대가 연습을 충분히 하지 못했을 경우에는, 정말이지 굳센 믿음이 필요한 시간이다. 이런 상황을 루터는 무척 답답해했다.

루터는 모든 사람들이 노래하며 하느님을 찬미해야 한다고 생각했다. 그래야 음악의 힘으로 신앙도 자라고 신자들도 하나가 된다는 거였다. 루터는 신학자이기도 했지만, 성악가이자 작곡가이기도 했고, 플루트와 류트 연주도 수준급이었다. 그러니 음악의 힘을 모를 리 없었다. 음악은 들을 때보다 직접 노래할 때, 그것도 다함께 입을 모아 하나의 선율을 노래할 때, 그 힘이 배가 된다는 사실도 알고 있었다. 다함께 노래하려면 가사는 알아듣지도 못하는 라틴어가 아니라 일상에서 쓰는 언어여야 했고, 선율은 딱 한 개, 그것도 따라 부르기 쉬운 선율이어야 했다. 이른바 '코랄'이라 일컫는 새로운 형태의 성가를 선호한 것이다.

루터는 코랄 작곡을 장려하며 자작곡도 만들어 보급했다. 하지만 새로운 노래가 만들어지고 정착하려면 어느 정도 시간이 필요한 법, 그보다 더 쉬운 방법은 사람들이 아는 노래를 사용하는 것이었다. 먼저 신자들 기도 모임에서 불렀던 독일어 찬미가를 전례 안으로 들여왔다. 여기서 그치지 않았다. 세속음악도 불러들였다. 온갖 좋은 음악을 사탄이 독차지하게 놔둘 수 없다면서. 물론, 가사는 종교적인 가사로 대체했다. 이른바 '노가바(노래 가사 바꿔 부르기)'였다. 하슬러는 바흐보다 한 세기 앞서 활동한, 꽤나 유명한 작곡가였다. 그의 대표곡 〈내 마음 산란하니〉가 바로 가톨릭성가 116번의 원곡이다. 제목만 봐도 종교음악과는 거리가 멀다. 설마 하느님 때문에 마음이 산란할 리야 없지 않겠는가?

> 내 마음 산란하니, 상냥한 소녀 때문이라네.
> 나 갈 길 잃어 헤매니, 내 마음 찢기듯 아프다네.
> 안식이란 없고, 크나큰 고통뿐이라네.
> 끊이지 않는 한숨과 눈물, 나 절망에 빠져 있다네.

아니나 다를까, 절절한 사랑 노래다. 저 청년, 어쩌면 좋을까, 걱정이 앞선다. 그런데, 이 노래에 종교적인 가사를 붙여 성가로 사용한 것이다. 우리 노래를 예로 들어 보자. "그대 가슴에 얼굴을 묻고 오늘은 울고 싶어라"로 시작하는 노래가 있다. 젊은이들은 이게 무슨 노랜가 싶겠지만, 성가는 아니겠거니, 눈치챘으면 그걸로 족하다. 한 시대를 풍미했던 명곡이다. 고故 김수환 추기경님도 좋아했던 노래, '열린음악회'에 나와 즉석에서 열창하시는 바람에 장안의 화제가 되었던 노래, 김수희의 〈애모〉다. 옛날 노래를 예로 들어 젊은이들에겐 미안하지만, 남녀노소 막론하고 모든 사람이 불렀던 〈애모〉 같은 노래가 요즘엔 뭐가 있을지, 떠오르질 않는다. 어쨌거나, "그대 가슴에 얼굴을 묻고"를 "주 예수 바라보라"로 바꾸었다고 상상해보라. 〈애모〉를 아시는 분(다시 말하면, 나이가 지긋하신 분)은 실제로 가사를 바꿔 노래해 보시라! 가사가 입에 붙지 않는 건 차치하고, 노래와 함께 누가 먼저 떠오르는지 살펴보시라. 피땀 흘리는 예수님인지, 아련한 옛 추억의 주인공인지.

지상의 노래를 천상의 노래로

노가바… 어찌 보면 참으로 위험한 발상이 아닐 수 없다. 아무리 새로운 가사를 붙인다한들, 옛 가사가 자연스레 떠오르지 않을까? 떠나버린 그대가 떠오를 수도 있고, 이루지 못한 사랑에 가슴이 미어질지도 모를 일이다. 미사 중에 엉엉 울음을 터뜨리는 사람도 생길지 모른다. 이런 사태를 방지하려면, 같은 선율을 사용하더라도 노래 분위기는 바꿔줄 필요가 있었다. 가사가 입에 붙게끔 선율도 박자도 약간의 손질이 필요했다. 지상의 것을 천상의 것으로 바꾸는 리메이크 작업이라고나 할까. 〈내 마음 산란하니〉도 노가바와 함께 리메이크 과정을 거쳐 성가로 탈바꿈한다. 〈오 피투성이 상처로 물든 머리여〉라는 제목으로. 가사는 파울 게르하르트가 독일어로 번역한 중세 종교시詩에서 가져왔고, 리메이크는 요한 크뤼거가 맡았다.

> 오 피투성이 상처로 물든 머리여,
> 온갖 고통과 조롱에 싸여 있네.
> 오 비웃음에 싸인 머리여,
> 가시관 쓰셨네.
> 오 아름다운 머리여,
> 무한한 영광과 영예로 빛났건만,
> 지금은 온갖 멸시 다 받으시네.
> 나 당신을 경배하리다.

하슬러 노래의 변신이 여기까지였다면 이 성가는 하슬러-크뤼거의 코랄로 남았을 것이다. 하지만, 그 상태로 4백 년이 지난 지금까지, 그것도 이역만리 떨어진 한국천주교회에서까지 이 곡의 생명이 이어졌을지는 의심스럽다. 가사는 사순절에 안성맞춤이지만, 크뤼거의 리메이크가 다소 밋밋하기 때문이다. 크뤼거가 손질한 코랄은 꽤 많있다. 새로운 코랄 작곡가로도 유명했다. 하지만〈오 피투성이 상처로 물든 머리여〉만큼은 크뤼거의 리메이크를 기억하는 사람이 거의 없다. 이 곡을 다시 리메이크한 작곡가, 이 곡을 포함하여 수많은 코랄에 하느님의 숨결을 불어넣은 작곡가, 요한 제바스티안 바흐가 나타났기 때문이다.

다섯 번째 복음사가

"난 분명 무신론자다. 하지만 무신론자라고 떠들고 다니지는 못한다. 바흐 때문이다." 현대음악 작곡가 죄르지 쿠르타그의 말이다. 교회음악만 두고 하는 말이 아니다. 바흐 음악은 모두 기도를 멈추지 않는다고 말한다. 그러니, 아무리 무신론자라 해도, 모든 음악가의 대스승이신 바흐가 끊임없이 기도를 바친다는데, 그 기도 소리가 그토록 심금을 울리는데, 음악가의 양심상, 바흐가 헛발질한다고 어찌 말할 수 있겠는가?

바흐를 아주 좋아했던 지인은 하느님의 존재를 의심하는 이들에게 바흐 음악을 권한다고 했다. 그것도 교회와 전혀 상관없는 세속음악, 가사도 없는 기악음악을 권한다는 거다. 골드베르크 변주곡, 무반주 첼로 모음곡 등등… 하느님의 존재를 즉각 확인하지 못한다 해도 바흐 음악에 투자한 시간만큼은 결코 헛되지 않을 거라는 말도 덧붙인단다. 하느님을 전하는 건지 바흐를 전하는 건지 알 수 없지만, 나 역시 가끔 써먹는 수법이긴 하다. 경제적으로 여유가 있을 때는 아예 음반을 사서 안기기도 한다. 공짜 선물이라 그런지, 반응이 나쁘지 않다.

언젠가 바흐의 교회음악 공연이 있었는데 모든 사람들이 감동을 받아 곳곳에서 눈물까지 흘리는 광경이 연출되었다. 공연장을 나오며 무신론자 친구에게 말했다. 하느님을 믿건 안 믿건, 모든 사람들이 교회음악에 감동을 받는다는 사실이 난 여전히 놀랍다고. 친구는 이렇게 중얼거렸다. 그러니까 바흐를 대가라고 하는 거겠지….

음악학자들은 바흐의 위대함을 설명하기 위해 갖가지 방법을 동원해 바흐 음악을 분석하곤 한다. 그것만으로도 바흐의 위대함에 압도된다. 하지만, 하느님을 염두에 두지 않고 바흐 음악의 가장 내밀한 원천을 밝혀낼 수 있을까? 교회음악이건 세속음악이건, 바흐 음악에는 하느님의 숨결이 서려 있다. 하느님을 믿지 않는 사람조차 뭔지 모를 존재의 숨결을 감지해낸다. 천재적인 음악성이나 성실함만으로 만들어낼 수 없는 흔적, 하느님이 바흐와 함께 작업하지 않았다면 새겨 넣을 수 없는 그 분의 흔적 말이다.

엔도 슈샤쿠의 소설 《사해 부근에서》에 등장하는 나약하기 그지없는 예수님, 기적도 일으키지 못하면서 왜 옆에 있느냐고 사람들에게 핀잔만 듣던 예수님은 이렇게 말씀하신다. 나는 한 사람 한 사람의 인생을 스쳐가는 거라고. 그들의 인생을 스치면서 남긴 흔적, 그것은 소멸되지 않는다고. 바흐의 손길이 닿은 음악에도 바로 그런 흔적이 느껴진다. 이쯤 되면, 왜 바흐를 '다섯 번째 복음사가'로 부르는지 수긍이 간다.

오로지 하느님 영광을 위해

"음악은 오로지 하느님 영광과 인간 영혼의 고양을 위한 것"이라는 점을 바흐는 늘 강조했고, 교회음악을 작곡하고 나면 악보 맨 끝에 반드시 S.D.G. 석 자를 적어 넣었다. Soli Deo Gloria, "오직 하느님께만 영광"이라는 뜻이다. 바흐에게는 교회음악이나 세속음악이나 별반 차이가 없었다. 어떤 음악이든 하느님의 영광을 위한 것이었기에 자신의 능력과 업적을 내세우는 일도 없었다. 그저 덤덤하게 "누구든 열심히 하면 나처럼 될 수 있다"고 말할 뿐이었다. 그런데 그게 바흐 입장에서야 겸손함의 표현이겠으나, 1천 곡이 넘는 음악을 작곡해 놓고(현존하는 작품만 따진 것이 그 정도이고, 실제 작곡한 음악은 열 배쯤 될 거라는 얘기도 있다!), 그것도 한 곡 한 곡 모두 명곡만 남겨 놓고는, 누구나 그렇게 될 수 있다니… 성실함의 아이콘인 바흐를 따라잡을 만큼 '열심히' 하는 것도 힘에 부치지만, 바흐 스스로는 절대 내세우지 않았던 천재적인 음악성은 또 어쩌란 말인가? 수업 중 학생들에게도 이 말을 전해주곤 한다. 반응은 둘 중 하나다. 헛웃음을 터뜨리던가, 한숨을 내뿜던가… 그런데, 바흐가 말한 "나처럼"이란 과연 무슨 뜻이었을까? 우리는 당연히 '위대한 작곡가'로 지레 짐작하고 반응하는 것일 텐데, 바흐도 같은 뜻으로 한 말이었을까?

당시 바흐는 위대한 작곡가는커녕 그냥 '작곡가'로도 대접받지 못했다. 독일 밖의 세상은 구경조차 못한, 지역 교회의 음악 노동자였을 뿐이다. 바깥세상을 두루 다니다가 영국에서 화려한 경력을 쌓은 동갑내기 작곡가 헨델과는 사뭇 다른 이미지였다. 바흐는 작곡가보다 오르간 연주자로 더 잘 알려져 있었고, 바흐가 죽고 난 후 오랫동안 바흐 음악은 연주조차 되지 않았다. 그러니, 바흐가 "나처럼 될 수 있다"고 말할 때, 후대에 길이 남을 작곡가 이미지를 염두에 둔 건 아니었을 것 같다. 잘은 모르겠지만, 바오로 사도의 고백, "나는 달릴 길을 다 달렸고 믿음을 간직했다"(2티모 4,7)는 고백과 일맥상통하는 말로 해석하고 싶어진다. 달릴 길을 다 달린 바오로 사도가 주님의 월계관을 받으리라 믿은 것처럼, 매순간 하느님께 열심히 음악을 봉헌한 바흐도 주님의 월계관을 받으리라 믿고 희망하며 살지 않았을까? 그러니까, 누구든 자기 자리에서 열심히 살면, 무슨 일이든 하느님의 영광을 위해 하면, 바흐처럼, 바오로 사도처럼, 주님의 월계관을 바랄 수 있다는 뜻 아니었을까? 누구라도 자기가 하는 일에 하느님의 숨결을 새겨 넣을 수 있다는 뜻 아니었을까?

"여러분은 먹든지 마시든지, 그리고 무슨 일을 하든지 모든 것을 하느님의 영광을 위하여 하십시오." (1코린 10,31)

바흐 《마태수난곡》
Johann Sebastian Bach (1685-1750) : Matthew Passion (1727)

바로크 시대를 대표하는 작곡가이자 클래식 음악의 아이콘. 종교와 무관한 클래식 명곡부터 200여 곡의 칸타타, B단조 미사곡 등 영적 울림이 가득한 종교음악에 이르기까지, 오페라를 제외한 거의 모든 장르에서 거대한 족적을 남겼다.

- 오라, 딸들아, 와서 나와 함께 슬퍼하자
- 사랑의 예수여
- 그것은 저입니다. 보속해야 하는 건 바로 저입니다
- 나 여기 당신 곁에 있으리다
- 불쌍히 여기소서!
- 어찌 이런 경악할 판결이 있단 말인가!
- 저 분은 우리 모두에게 선한 일을 하셨습니다
- 이제 주께서 안식에 드셨으니

바흐가 가장 야심차게 하느님 영광을 위해 만든 음악을 하나 꼽는다면, 단연 《마태수난곡》이 아닐까 싶다. 악보에 남긴 자필 서명도 눈에 띄게 정성을 다한 흔적이 역력하다. 전곡 연주에 장장 세 시간이 필요한 오라토리오 대작이지만, 당시 사람들은 이미 알고 있던 성가가 중간중간 나오기 때문에 그다지 길게 느껴지진 않았을 것 같다(아는 성가인데도 따라 부를 수 없어 입이 근질거렸을 것 같긴 하다). 앞서 소개한 〈오 피투성이 상처로 물든 머리여〉만 해도 가사를 달리 하며 다섯 차례나 울려 퍼진다(매번 리메이크 방식도 조금씩 다르다). 가톨릭성가 116번에 별다른 감흥을 느끼지 못한 사람도, 《마태수난곡》 안에서 이 노래를 듣는다면, 어라, 이 노래가 그 노래 맞나, 싶을 정도로 남다른 감동과 전율을 느낄 것이다 그러니 이 노래를 오롯이 바흐 작품으로 기억한다 해도 하슬러가 많이 억울해할 것 같진 않다.

바흐는 《마태수난곡》 외에도 다른 세 개의 복음서를 바탕으로 수난곡을 작곡했다. 모두 네 개의 수난곡을 작곡했다는 얘긴데, 현재 악보가 전해지는 건 《마태수난곡》과 《요한수난곡》 둘뿐이다. 《마태수난곡》이 없어지지 않은 건 정말이지 천만다행이다. 사실 《마태수난곡》도 거의 묻힐 뻔했다. 먼지가 켜켜이 쌓인 채 거의 한 세기 동안 방치되었던 《마태수난곡》에서 하느님의 숨결을 감지한 멘델스존이 다시 무대에 올리지 않았던들, 지금 우리가 사순절에 《마태수난곡》을 듣는 호강을 어찌 누릴 수 있었을까?

하느님이 어떤 분인지도 모르면서 뭔가를 더듬더듬 찾아 헤매던 시절, 세례를 받고도 하느님께 가까이 가는 방법을 몰라 답답한 마음에 몸부림만 치던 시절, 나의 조급함을 가라앉히고 예수님의 십자가를 꾸준히 바라보게 해준 잊을 수 없는 은인, 성경보다 먼저 내게 길을 보여준 영적 지침서가 바로 바흐의 《마태수난곡》이었다. '다섯 번째 복음사가'가 남겨준 '다섯 번째 복음'이라고나 할까. 사순절마다 《마태수난곡》을 들어야 하는 이유가 바로 여기에 있다. 내게는 고해성사나 다름없는 중요한 의식이다. 푹푹거리며 한숨을 내뱉다가 가슴을 치며 찔끔찔끔 눈물도 흘리다가, 그렇게 《마태수난곡》을 다 듣고 나면, 눈물콧물로 범벅된 얼굴을 슬그머니 닦아주는 예수님의 손길이 느껴진다.

#1 오라, 딸들아, 와서 나와 함께 슬퍼하자

심상치 않은 오케스트라 연주가 《마태수난곡》의 빗장을 열어 제친다. 터벅터벅 무겁게 발걸음을 옮기는 사람들, 눈물을 삼키며 예수님을 따라가는 사람들의 고통스런 행렬이 어렴풋이 눈에 들어온다. 이윽고 들려오는 묵직한 합창 소리. "오라, 딸들아, 와서 나와 함께 슬퍼하자." 이어지는 두 합창단의 대화… "봐봐!(제에트!)" "누구를?(벤?)" "신랑!(덴 브로이티감!) 그 사람 봐봐!(제에트 인!)" "어떻길래?(비?)" "어린 양 같아!(알스 비 아인 람!)" 바로 이 부분, '어린 양(아인 람)'이 언급되는 순간, 천상의 소리를 빼어 닮은 소년합창단이 합류한다. "오 무죄하신 하느님의 어린 양이 십자가에 못 박혀 죽음을 당하시도다." 그러니까, 《마태수난곡》의 첫 곡 또한 '아뉴스 데이'인 셈이다.

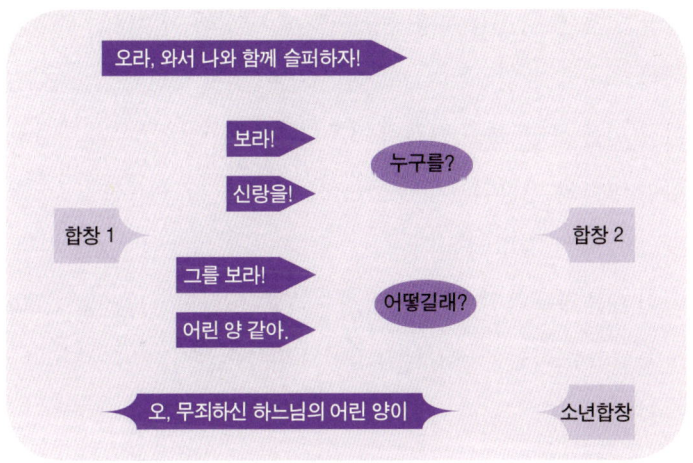

　소년합창단은 다 같이 한 성부를 노래하지만, 다른 두 합창단은 각기 네 개의 성부로 노래한다. 모두 아홉 개의 성부가 촘촘하게 엮어가는 소리 공간 안에서 예수님과 우리의 만남이, 천상과 지상의 만남이 이루어진다. 그런데, 이 만남은 결코 환희에 찬 만남이 아니다. '하느님의 어린 양'과 애써 눈물을 삼키는 사람들의 고통스런 조우이며, 그 안에서 울려 퍼지는 탄식 어린 합창은 '하느님의 어린 양'에게 바치는 비통한 애가哀歌이다.

　《래빗 홀》(2010)이라는 영화가 있었다. 사고로 네 살짜리 아들을 잃은 후 극심한 후유증을 어렵게, 어렵게 이겨내는 부부의 이야기다. 그 유명한 니콜 키드먼이 아이 엄마 역할을 맡았다. 영화 말미를 보면, 아주 힘겹게 아들의 죽음을 받아들이기 시작한 아이 엄마가 친정엄마에게 묻는다(친정엄마 역시 아들을 잃은 경험이 있다). 이런 감정이 없어지긴 하는 거냐고. 친정엄마는 말한다. 없어지진 않는다고. 하지만 달라지는 건 있다고. 나를 짓누르던 바윗덩이를 적당한 크기의 돌멩이로 만들어 호주머니에 넣고 다닐 수 있게 된다고. 그러면 평소 아무렇지 않은 듯 살게 된다고. 그런데, 그러다가 가끔 주머니에 손을 넣으면, 아, 그렇지, 이게 있었지, 기억이 되살아난다고. 좋은 느낌은 아니지만, 잃어버린 아들을 대신하는 것 같아서, 그 돌멩이를 완전히 치워버리고 싶지는 않다고. 이런 느낌, 뭐, 나쁘지 않다고….

이 장면을 보면서 떠올린 성경 구절이 있었다. 좀 뜬금없어 보일 수도 있지만, 마태복음 25장에 나오는 달란트 비유였다. 각각 다섯 달란트, 두 달란트, 한 달란트를 받은 세 명의 종 가운데 한 달란트를 받은 종이 땅에 돈을 묻어 두었다는 이유로 한 달란트마저 빼앗기고 쫓겨났다는 이야기. 일반적으로 달란트는 하느님이 주신 좋은 재능으로 해석되곤 한다. 거저 받은 것이니 잘 관리하고 잘 사용해야 한다는 말일 게다. 그런데, 하느님이 우리에게 잘 관리하라고 맡긴 것이 단지 좋은 재능뿐일까? 아들을 잃은 엄마가 주머니에 늘 넣고 다녀야 하는 그 돌멩이, 그 또한 하느님에게서 받은 한 달란트가 아니겠냐고 하면, 벌컥 화를 낼 사람도 있을 것 같다. 그런 고통의 무게를 알기나 하는 거냐고 울부짖을지도 모르겠다. 하지만, 하지만 말이다, 한 달란트를 받은 종에게 한 달란트란 돈은 어떤 의미였을까? 그 종은 분명 무서운 주인의 서릿발에 짓눌려 있었을 게다. 혹시라도 잘못해서 한 달란트마저 잃어버리면 어쩌나, 장사를 시작했다가 사기라도 당해 빚더미에 올라앉으면 어쩌나, 마냥 두려웠을 게다. 그래서 한 달란트를 땅에 묻고 주인이 돌아올 때까지 그 돈의 존재 자체를 잊어버리고 싶었을 게다. 그에게 한 달란트는 좋은 선물이 아니라 고통의 원천이었을 수 있다는 얘기다. 문제는, 좋은 것이건 고통스러운 것이건, 의도적으로 땅에 묻었다는 사실이다. 땅에 묻는 행위 안에서 좋은 것은 빛을 잃고, 고통스러운 것은 극복할 길을 잃어버린다.

《마태수난곡》 첫 곡에서 예수님은 십자가를 지고 힘겹게 걸음을 옮기며 우리를 '예수님의 슬픔'에로 초대한다. "오라, 딸들아, 와서 나와 함께 슬퍼하자!" '나의 슬픔'이 아닌 '예수님의 슬픔'으로 초대받아 예수님과 함께 슬퍼하는 시간, 그것이 바로 사순절, 특히 성주간이 아닐까 싶다. 슬픔의 시간임에도 불구하고 성주간이 '은혜로운 때'라 말할 수 있는 것은 '예수님과 함께'이기 때문이다. 예수님과 함께 눈물을 삼키다보면 땅에 묻어두었던 돌덩이까지 꺼내볼 용기가 생겨나기 때문이다. 이게 왜 하필 나한데 온 걸까, 답도 없고 도움도 안 되는 질문을 연거푸 던지지 않고도 묵묵히 돌덩이를 바라볼 여유가 생겨나기 때문이다. 그렇게 예수님과 함께 슬퍼하며 예수님과 함께 돌덩이를 지고 걸음을 옮기다보면, 어느새 돌덩이는 주머니 속에 들어갈 만한 작은 돌멩이로 변해간다. 이제 땅에 묻지 않아도 돌멩이와 더불어 살아갈 수 있게 된다. 그렇게 우리는 돌멩이의 관리자가 되어간다. 그렇게 우리는 예수님의 제자가 되어간다. 분명 은혜로운 시간이다. 물론, 돌멩이 하나를 잘 관리했으니 또 다른 돌멩이를 주시겠다고 하면, 그건 극구 사양하고 싶지만 말이다.

#2. 마태복음 26, 1-2
#3 사랑의 예수여

《마태수난곡》두 번째 곡부터는 마태복음의 수난기를 기본 가사로 삼는다. 성경 구절은 마태복음 26장과 27장, 단 두 장뿐이지만 《마태수난곡》을 구성하는 노래는 무려 78곡이다(바흐가 번호를 붙인 건 아니다. 보통 78곡 혹은 68곡으로 나누는데, 여기서는 78곡 번호표를 따르기로 한다). 복음 말씀 한 구절을 레치타티보로 낭송하듯 노래하면, 성경이 아닌 다른 가사, 파울 게르하르트의 시詩처럼 폐부를 찌르는 가사로 만들어진 아름다운 합창이나 독창이 따라붙는다. 이렇게 복음서 구절구절마다 주석처럼 따라붙는 음악은 당시 예수님 곁에 머물며 십자가의 길을 함께 걸어간 사람들의 숨죽인 고백처럼 들린다. 아니, 지금 내가 예수님께 드리고 싶은 고백으로도 들린다. 그게 바로 내가 하고 싶은 말이거든, 소리 높여 외치고 싶어진다. 가사가 한국어라면 더할 나위 없겠지만, 독일어 가사를 일일이 알아듣지 못해도 많이 섭섭하진 않다. 가사에 담긴 인간의 감정이 음악 안에 고스란히 담겨 있기 때문이다. 십자가 지신 예수님을 바라보며 느끼는 인간의 회한과 자책, 그럼에도 불구하고 여전히 잃고 싶지 않은 예수님과의 사랑, 그 복잡미묘한 감정이 음악 안에 섬세하게 표현되었기 때문이다.

복음 말씀 부분은 역할 분담이 이루어진다. 성지가지주일과 성금요일에 수난복음을 읽는 방식과 흡사하다. 복음사가(내레이터)는 테너, 예수님은 베이스가 맡는다. 흥미로운 것은 반주 부분인데, 복음사가가 노래할 때는 건반악기만 사용된다. 그것도 최

대한 절제하며 듬성듬성 노래를 받쳐준다. 베드로, 빌라도 등이 등장할 때도 마찬가지이다. 그런데, 예수님이 노래할 때는 현악기의 따뜻하고 신비로운 사운드가 끊이지 않고 지속적으로 노래를 떠받들어준다. 예수님의 후광을 표현한 것이라는데, 실제로 예수님의 아우라가 온몸으로 전해진다(단 한 곳, "엘리 엘리 레마 사박타니"에서만 후광 사운드가 사라진다). 덕분에 독일어 가사를 알아듣지 못해도 현악기 소리가 깔리기 시작하면, 앗, 예수님이시네, 설레는 마음으로 반길 수 있다.

> 예수님께서 이 말씀들을 모두 마치시고 제자들에게 이르셨다.
> "너희도 알다시피 이틀이 지나면 파스카인데,
> 그러면 사람의 아들은 사람들에게 넘겨져
> 십자가에 못 박힐 것이다."

십자가 수난을 예고하는 예수님께 제자들이 뭐라 반응했는지 이 부분(마태복음 26장)에는 나오지 않는다. 하지만 앞부분에 기록된 제자들의 반응으로 미루어 볼 때 특별히 기특한 반응을 보였을 것 같지는 않다. 베드로는 십자가 자체를 부정하는 바람에 예수님께 '사탄'이란 소리까지 들었고, 예수님의 수난 예고에도 제자들은 아랑곳하지 않고 자리싸움만 벌이지 않았던가? 그런 제자들이 갑자기 개과천선할 리야 없지 않은가? 그런데, 이 말을, 예수님의 수난 예고를, 성모님이 들었다면 어떤 반응을 보였을까? 또, 마리아 막달레나가 들었다면? 조용히 울음을 삼키며 이렇게 말하지 않았을까? "예수님, 당신이 대체 무슨 죄를 지었다고…" 1분 남짓 이어지는 짧은 합창 〈사랑의 예수여〉 속에 누군가의 눈시울이 붉어지는 듯하다(원작은 요한 크뤼거의 동명同名 코랄이다).

> 사랑의 예수여,
> 당신이 무슨 죄를 지었기에,
> 그토록 엄한 판결을 받으셨나이까?
> 대체 무슨 죄를, 무슨 잘못을 범하셨단 말입니까?

#15. **마태복음** 26, 18-22

#16. **그것은 저입니다. 보속해야 하는 건 바로 저입니다.**

(전략)
"내가 진실로 너희에게 말한다.

너희 가운데 한 사람이 나를 팔아넘길 것이다."

그러자 그들은 몹시 근심하며 저마다 묻기 시작하였다.

파스카 음식을 먹으며 예수님이 제자의 배신을 예고하자, 여러 사람이 앞다투어 노래한다.

"주님, 저는 아니겠지요?"(합창)

짧은 합창 속에 열두 제자의 당황스러움과 부산스러움이 느껴진다. 대체 제자들은 왜 예수님께 이런 질문을 하고 있는 걸까? 스스로 예수님을 팔아넘길 가능성을 인정하는 질문 아닌가? 왜 "주님, 저는 절대 아닙니다"라고 자신 있게 말하지 못하는 걸까? 이 시점에서 다시금 제자들을 싸잡아 비난하고 싶어지지만, 곧장 이어지는 노래 첫 구절을 들으면 치켜들던 손을 슬그머니 내리게 된다. "저입니다. 보속해야 하는 건 바로 저입니다." 주님 수난을 앞두고 예수님께 무슨 말을 할 수 있을까? 누가 누구에게 비난을 던질 수 있을까? 주님이 참아 견디신 그 모든 것이 다 누구 때문인데?(음악은 너무나 익숙하다. 성체성가로 자주 부르는 가톨릭 성가 169번과 같은 음악이니까. 이 또한 바흐가 리메이크한 코랄이다. 원곡은 하인리히 이작의 〈인스부르크, 나 그대를 떠나야 하네〉, 역시 사랑 노래다.)

그것은 저입니다.

보속해야 하는 건 바로 저입니다.

지옥에서 손발이 묶인 채.

채찍질과 멍에,

당신께서 끝내 참아 견디신 그 모든 것,

그건 바로 제 영혼이 짊어져야 하는 것입니다.

#22. 마태복음 26, 33-35

#23. 나 여기 당신 곁에 있으리다

그러자 베드로가 예수님께 말하였다.

"모두 스승님에게서 떨어져 나갈지라도,

저는 결코 떨어져 나가지 않을 것입니다."

예수님께서 그에게 말씀하셨다

"내가 진실로 너에게 말한다.

오늘 밤 닭이 울기 전에 너는 세 번이나 나를 모른다고 할 것이다."

베드로가 다시 예수님께 말하였다.

"스승님과 함께 죽는 한이 있더라도,

저는 스승님을 모른다고 하지 않겠습니다."

다른 제자들도 모두 그렇게 말하였다.

베드로가 큰소리 떵떵 친 후 어떤 일이 벌어졌는지 우리는 너무나 잘 알고 있다. 그럼에도 불구하고 이 부분에서 베드로를 비난할 마음은 조금도 없다. 베드로는 물론이거니와 다른 제자들도 이 순간만큼은 진심이었을 테니까. 죽는 한이 있더라도 예수님을 끝까지 따라가겠다는 결의를 다질 때가 우리도 있지 않은가? 하지만, 제자들처럼 예수님을 버리고 도망가고, 베드로처럼 예수님을 나 몰라라 할 때가 우리에게도 있지 않은가? 분명 제자들은 그 순간 재차 이렇게 말했을 것이다. "여기 당신 곁에 있으리라"고. 스승님을 버리고 도망갈 리 없으니, "나를 얕보지 마시라"고(앞서 소개한 하슬러-바흐의 코랄이다. 파울 게르하르트의 〈오 피투성이 상처로 불는 머리여〉의 6절 가사를 사용했다).

여기 당신 곁에 있으리라.

나를 얕보지 마소서.

나 결코 당신 곁을 떠나지 않으리라.

당신 마음 산산이 부수어질 때

당신 마음에 죽음의 고통이 엄습할 때

그때 나 당신을 껴안으리다.

내 팔에, 내 품에.

#46. 마태복음 26, 73-75

#47. 불쌍히 여기소서!

"당신도 그들과 한패임이 틀림없소.

당신의 말씨를 들으니 분명하오."(합창)

베드로는 거짓이면 천벌을 받겠다고 맹세하며 말했다.

"나는 그 사람을 알지 못하오."

그러자 곧 닭이 울었다.

베드로는

'닭이 울기 전에 너는 세 번이나 나를 모른다고 할 것이다.' 하신

예수님의 말씀이 생각나서, 밖으로 나가 슬피 울었다.

결의에 찬 다짐에도 불구하고, 제자들은 모두 도망간다. 그리

고 베드로는 예수님 말씀대로 예수님을 세 번 부인한다. "나는 그 사람을 알지 못하오"라고 단호하게 말하는 베드로. "그러자 곧 닭이 울었다." 복음사가 목소리에는 벌써부터 슬픔이 묻어난다. 성경에는 "베드로가 밖으로 나가 슬피 울었다"는 말로 베드로의 상황을 마무리하지만, 글쎄, 얼마나 슬피 울었을까? 구체적으로 생각해본 적이 별로 없었다. 여기에 이어지는 베드로의 노래를 듣기 전에는.

> 보시옵소서, 보시옵소서,
> 당신 앞에서 비통하게 우는 나의 마음과 눈동자를.
> 불쌍히 여기소서, 불쌍히 여기소서.
> 불쌍히 여기소서, 나의 하느님, 나의 눈물을 보아.

베드로의 '미제레레'이다. 가사는 "불쌍히 여기소서(에르바르메 니히)"가 거의 전부인데, 노래는 8분 가까이 이어진다. 하기야, 달리 할 말이 뭐 있을까? 음악도 좀 너무하다 싶을 정도로 끊임없이 가슴을 후벼 판다. 바이올린 독주로 1분가량 이어지는 전주를 듣는 순간 이미 가슴이 울렁거리기 시작하고, 여성의 애끓는 목소리로 "불쌍히 여기소서"를 무한반복 듣고 있노라면, 머리를 부여잡고 하염없이 울고 있을 베드로가 눈앞에 나타나는 듯하다. 너무 울어 눈이 짓물러버린 베드로. 나도 눈시울이 뜨거워진다. 그런데, 베드로가 불쌍해서 그런 건지, 내가 베드로에게 감정이입을 해버려 그런 건지, 명확하진 않다. 어쨌든, 베드로를 부둥켜안고 함께 울고 싶어진다. 누구라도 붙잡고 미안하다고, 용서해 달라고 해야 할 것만 같다.

이 곡을 듣기 전에는 베드로의 마음을 헤아리지 못했다. 오히려 예수님을 모른 척 하는 베드로를 바라보며 예수님은 어떤 마음이 들었을까, 예수님 걱정만 했었다. 하지만, 예수님은 베드로를 보는 순간, 당신의 고통보다 베드로의 상처를 먼저 염려하지 않았을까? 저 친구가 밤새 얼마나 울어댈까, 이미 애간장을 태우고 있지 않았을까? 부활하면 저 친구 짓무른 눈부터 치유해줘야지, 마음부터 앞서지 않았을까? 누구나 인간이기에 죄를 지을 수 있다는 말은 쉽게들 한다. 예수님도 죄인을 사랑하셨다며 피해자에게 은근슬쩍 섣부른 용서를 강요하는 경우도 심심치 않게 보게 된다. 하지만 죄에 대한 변명보다, 용서를 먼저 구하기보다 먼저 선행되어야 할 것이 있지 않을까? 베드로의 눈물 말이다. 베드로는 감히 용서를 구할 생각도 못했다. 그저 울기만 했다. 그렇다고 유다 이스카리옷처럼 삶을 포기하지도 않았다. 예수님이 괜히 베드로를 수제자로 삼은 게 아니었던 거다.

#54. 마태복음 27, 15-22
#55. 어찌 이런 경악할 판결이 있단 말인가!
#56. 마태복음 27, 23a
#57. 저 분은 우리 모두에게 선한 일을 하셨습니다.

(전략)

총독이 그들에게 물었다.

"두 사람 가운데에서 누구를 풀어 주기를 바라는 것이오?"

그들이 대답하였다.

"바라빠요." (합창)

빌라도가 그들에게 말했다.

"그러면 메시아라고 하는 이 예수는 어떻게 하라는 말이오?"

그들은 모두 말하였다.

"십자가에 못 박으시오!"(합창)

모두들 한 마음 한 목소리로 강렬하게 외친다.

바~아~라~빠~~~!

섬뜩하다. "십자가에 못 박으시오!"는 끈질기기까지 하다. 한 번 외치고 끝나는 것이 아니라 몇 번을 번갈아가며 메아리처럼 반복한다. 십자가에, 십자가에, 십자가에, 끝없이 이어지는 군중의 소요. 진정 이 사람들을 위해 예수님은 당신 목숨을 내놓으셨단 말인가? 정말이지, "어찌 이런 경악할 판결이 있단 말인가?" (앞서 들었던 #3 〈사랑의 예수여〉와 같은 음악이다.)

> 어찌 이런 경악할 판결이 있단 말인가.
> 선한 목자가 양 대신 고난을 받고
> 의인인 주인이 죄값을 치르다니.
> 자기 종을 대신하여…

빌라도가 물었다.
"도대체 그가 무슨 나쁜 짓을 하였다는 말이오?"

빌라도가 재차 묻는다. 빌라도의 목소리에도 근심이 가득하다. 《마태수난곡》은 여기에서 한숨 쉬어가지만, 마태복음에는 곧장 더 큰 소리로 외치는 군중이 등장한다. "십자가에 못 박으시오!" 미사 중 수난복음을 읽을 때면 군중 역할은 매번 신자들의 몫이다. 어쩔 수 없이 "십자가에 못 박으시오!"를 우리가 읽어야 한다. 아니 외쳐야 한다. 미사 전에 봉사자들이 연습을 시키면서 목소리가 작으면 더 크게 읽으라고 다그치기 때문이다. 봉사자들에게는 미안한 말이지만, 난 봉사자들 말에 순순히 따른 적이 별로 없다. "십자가에 못 박으라"는 말을 내가 외치긴 정말 싫기 때문이다. 왜 악역은 죄다 선량한 신자들이 맡아야 하는 건데? 툴툴거리며 입을 꾹 다물어버린다.

아마 바흐도, 대본작가 피칸더도, 나와 같은 심정이었던 모양이다. "십자가에 못 박으시오!"라는 말이 나오기 전에 예수님 편에 서있던 사람들의 항변을 끼워 넣었으니 말이다. 가사도 피칸더가 직접 썼고, 곡도 바흐가 새로 만들었다. 이번에는 소프라노 혼자 노래한다. 단호하고 당당하다. "저 분은 우리 모두에게 선한 일을 하셨답니다." 이런 말을 하고 싶었던 사람들이 왜 없었겠는가? 무섭고 두려워 실행에 옮기진 못했어도, 성난 군중을 제치고 나가 목소리 높여 외치고 싶었던 사람들이 왜 없었겠는가? "우리 주님은 우리 죄인을 받아들이고 안아 주셨거든요. 우리 주님은 아무 잘못도 하지 않으셨어요. 그런데 대체 왜…"

성지가지주일에, 성금요일에, "십자가에 못 박으시오!"를 외치라 강요당할 때마다 난 이 노래를 떠올리곤 한다. 느리지만 또렷한 목소리로, 간절하고 애타게 부르는 이 여성의 노래를. 어떤 상황에서도 예수님 편에 서고 싶은 마음을 다지고 싶어서. 성난 군중처럼 못난 모습을 보이는 순간이 있을지라도, 다시금 예수님 편에 설 수 있는 용기를, 몇 번이고 다시 돌아올 수 있는 은총을 청하고 싶어서. 정말이지, "십자가에 못 박으시오!"는 안 시켰으면 좋겠다.

저 분은 우리 모두에게 선한 일을 하셨습니다.
장님은 눈을 뜨게 하시고
걷지 못하는 이는 걷게 하시며
우리에게 하느님의 말씀을 가르치시고
악마를 내쫓으셨으며
슬퍼하는 이를 일으켜 세워주시고
죄인을 받아들이고 안아주셨습니다.
나의 예수님은 아무 잘못도 하지 않으셨습니다.

#76. 마태복음 27, 58-66
#77. 이제 주께서 안식에 드셨으니

(전략)
빌라도가 그들에게 말하였다.
"당신들에게 경비병들이 있지 않소. 가서 재주껏 지키시오."
그들은 가서 그 돌을 봉인하고 경비병들을 세워
무덤을 지키게 하였다.

마태복음 27장 마지막 절인 66절이 끝나면 예수님께 드리는 작별 인사가 나온다. 소프라노, 앨토, 테너, 베이스 등 네 명의 독창자가 번갈아가며 노래하고, 그 사이사이 합창단이 예수님께 작별을 고한다. "나의 예수여, 편히 잠드소서!(마인 예수, 구테 나흐트!)" 안도의 한숨이 내뿜어지는 순간이다. 이제 더 이상 예수님이 고통을 느끼지 않으실 터이니, 그것만으로 다행스러울 뿐이다. 온몸이 피투성이가 되고 온갖 조롱과 멸시까지 받아가며 십자가 죽음에 이르기까지, "내 영혼 이토록 귀하게 여겨 주신" 예수님께 그저 죄송하고 감사할 뿐이다. "나의 예수여, 편히 잠드소서!"

이제 주께서 안식에 드셨으니,

                 나의 예수여, 편히 잠드소서.

우리 죄로 인한 고난은 이제 끝났으니,

                 나의 예수여, 편히 잠드소서.

오 거룩한 몸이여,

보십시오, 나 얼마나 슬피 통회하는지,

내 죄로 이런 고난 겪으셨으니.

                 나의 예수여, 편히 잠드소서.

내 평생 당신 수난에 감사드리리다.

내 영혼 이토록 귀하게 여겨 주셨으니.

                 나의 예수여, 편히 잠드소서.

슬픔의 성모

 냉담하던 친구가 갑자기 신앙상담을 청하는 경우가 가끔 있다. 십중팔구 자식 때문이다. 내 대녀 중 한 명은 일 년에 딱 두 번 미사에 참례하던 친구였다. 이렇게 말하면 당연히 성탄과 부활 미사려니 짐작하겠으나, 천만의 말씀이다. 새해 첫날 미사와 시아버지 기일 미사이다. 신앙생활 열심히 하는 시어머니와 원만한 관계를 유지하기 위해서다. 어쨌거나 성당에 다니고 있으니 자기는 절대 냉담이 아니라는 주장도 빠뜨리지 않았었다. 그런데 이 친구가 뜬금없이 신앙상담을 청하면서 매일미사를 나가는 것이 아닌가? 내가 예뻐하던 그 친구 아들이 벌써 고3이 된 것이다. 이제는 아저씨처럼 변해버린 그 아들이 어찌 그리 예뻐 보이던지… 고맙기까지 했다. 그래도 설마 매일미사를 나갈까 싶었는데, 매일미사는 물론이고 생전 처음 해봤다는 묵주기도와 십자가의 길까지 열심히 바치는 것이었다. 처음에는 분명 기복신앙으로 시작한 일일 텐데, 기도를 할수록 공부를 안 한다며 구박하던 아들이 안쓰러워 보인단다. 그래서 그냥 사심 없이 아들을 위해 기도하게 된단다. 고3이 공부하는 건 당연지사인데 뭐가 안쓰럽냐고 하니, 내가 애를 안 키워봐서 모르는 거란다. 반박할 말이 없어 좀 약이 오르긴 하지만,

뭐, 딱히 틀린 말도 아닌 것 같다.

자식이 당연히 해야 할 일을 하고 있어도 그게 조금이라도 힘든 일이면 안쓰러워 어쩔 줄 모르는 것이 엄마라는 존재인데, 자식이 부당하게 고통을 당하고 죽음을 맞는다면? 굳이 영화 《래빗 홀》을 다시 들먹이지 않더라도, 우리는 세월호 참사로 자식을 잃은 엄마들, 삼백 명도 넘는 엄마들의 울부짖음을 지금도 듣고 있지 않은가? 침몰하는 세월호를 바라보며 우리도 함께 가슴 아파했고, 무작정 묵주를 집어 들며 성모님을 찾지 않았던가? 십자가의 길을 같이 걸으며 자식의 무참한 죽음을 바라봐야 했던 성모님이니까, 카나 혼인잔치에서처럼 예수님 옆구리를 쿡쿡 찔러서라도 죽어가는 아이들이 살아나오게 해달라고 청해주지 않을까, 그러면 예수님도 마지못해 성모님 청을 들어주지 않을까, 그렇게 성모님이 기적을 슬쩍 훔쳐서라도 아이들을 살려주지 않을까, 간절히 바라면서.

생각해보면, 평소 묵주기도를 하며 떠올리던 성모님은 가브리엘 천사의 인사를 받던 젊고 풋풋한 성모님, 엘리사벳의 출산을 돕기 위해 당장 길을 떠나는 씩씩하고 당찬 성모님, 때가 되지 않았다는 예수님에게서 기적을 이끌어내는 오지랖 넓지만 지혜로운 성모님이었다. 환희의 신비, 빛의 신비 속에 등장하는 성모님이다. 심지어 영광의 신비를 바칠 때에도 성모님은 젊고 아름답고 당당한 모습이어야 했다. 하늘의 여왕이니까. 미처 생각지 못한 것은 고통의 신비 중에 있을 성모님이었다. 십자가 지신 예수님에 집중하느라 당연히 예수님 곁에 있었을 성모님은 안중에도 없었던 거다. 이것도 애를 안 키워봤기 때문일까?

그런데, 세월호 아이들과 유가족을 위해 묵주를 집어 들었을 때 눈앞에 나타난 성모님은 피에타 성모님이었다. 십자가에서 예수님을 내려 무릎 위에 올려놓고 고통스럽게 바라보는 피에타 성모님. 영화 《패션 오브 크라이스트》의 성모님도 눈앞에 어른거렸다. 피투성이가 되어버린 예수님을 바라보며 눈물을 삼키던 중년의 성모님, 십자가 위에서 죽어가던 예수님 발에 입 맞추며 온몸을 떨던 성모님, 숨을 거두신 예수님을 무릎에 안고 우리에게 결연한 눈빛을 보내던 성모님. 영화 《패션 오브 크라이스트》의 주인공은 분명 예수님이었지만, 진정한 신스틸러는 거친 주름 속에 삶의 고통을 간직한 성모님이었다.

특별히 성모님의 고통을 묵상하도록 초대하는 날이 있다. 사순절 기간이 아니어서 좀 아쉽긴 하지만. 성 십자가 현양 축일 다음날인 9월 15일, 고통의 성모 마리아 기념일이다. 주일도 아니고 의무축일도 아니어서 그냥 지나칠 수 있지만, 이날 전례 가운데 반드시 짚고 넘어갈 것이 하나 있다. 바로 부속가이다. '부속가'라고 하면 당장 부활대축일, 성령강림대축일, 성체성혈대축일의 부속가가 떠오를 것이다. 알렐루야 직전에 다 같이 읽는 부분이다(아주 오래 전에는 알렐루야 직후에 노래로 불렸다고 한다). 그런데 세 개의 대축일 부속가 외에 정말 중요한 부속가, 사순음악목록에 절대 빠질 수 없는 부속가가 바로 고통의 성모 마리아 기념일 부속가, 일명 《슬픔의 성모》(스타바트 마테르)이다.

> 성모님 슬픔에 잠겨 서 계시네,
> 십자가 옆에, 눈물 흘리며,
> 당신 아들 십자가에 매달려 계실 때.
>
> 비탄에 잠긴 영혼이,
> 슬픔에 젖은 영혼이,
> 창에 찔리셨네.
>
> 얼마나 애달프고 고통스러웠을까,
> 은총을 받으신 분이, 외아드님의 어머님이.
>
> 울며 애통해하셨네, 떨며 보고 계셨네,
> 영광스런 아드님의 고통을.

부활대축일, 성령강림대축일, 성체성혈대축일 부속가는 중세시대에 작곡된 소박한 선율이 지금껏 무반주로 노래된다. 그런데 유독 고통의 성모 마리아 부속가 《슬픔의 성모》는 많은 유명 작곡가들이 정성스레 빚어낸 대규모 작품으로 자주 무대에 오른다. 짧은 곡은 20분 정도지만, 긴 곡은 한 시간이 넘고 반주도 오케스트라가 맡는다. 성모님에 대한 사랑, 그것도 힘겨워하는 성모님에 대한 사랑을 어떻게든 표현하고 싶었던 모양이다.

《슬픔의 성모》 중세 성가도 있긴 있다. 우리가 십자가의 길을 바칠 때마다 각 처에서 부르는 노래, "어머니께 청하오니 내 맘 속에 주님 상처 깊이 새겨주소서"가 바로 《슬픔의 성모》 11절 가사를 사용한 중세 성가다(낭만주의 작곡가 리스트는 《십자가의 길》에서 이 성가를 사용했다). 비발디, 로시니, 드보르작 등 유명 작곡가들의 작품이 즐비하지만, 《슬픔의 성모》를 처음 듣는다면 페르골레지의 음악을 권하고 싶다. 처음부터 전곡을 다 듣기가 부담스럽다면, 1절 가사로 된 첫 곡만 들어도 충분하다. 소프라노와 알토 두 명이 오케스트라 반주에 맞춰 노래하는데, 첫 소절 "성모님 슬픔에 잠겨 서 계시네(스타바트 마테르 돌로로사)"만 들어도 성모님의 말할 수 없는 고통이, 성모님의 애끓는 심정이 그대로 전해져 그만 가슴이 아려온다.

제4장

오늘 나와 함께 낙원에

| 제4장 |

오늘 나와 함께 낙원에

성금요일, 재의 수요일에 갔던 본당을 다시 찾았다. 당시 내게 금요일은 죽음의 날이었다. 미국 간 지 단 1년 만에 금요일 강의를 맡게 되었기 때문이다. 조교로서 학습 내용을 복습시키는 수준이었지만, 문제는 영어 강의라는 사실이었다. 요즘은 많은 젊은이들이 능숙하게 영어를 구사하지만, 나 같은 구세대에게는 어림도 없는 일이었다. 게다가 늦깎이로 유학길에 오른지라 가뜩이나 안 되는 영어 때문에 죽을 고생을 하고 있는데, 영어로 강의를 하다니… 돈이 웬수였다. 조교 월급을 받아야 공부를 계속할 수 있었기에, 영어가 되건 말건 조교 자리를 사수해야 했다.

목요일 저녁마다 리허설에 돌입했다. 밤새도록 수업 내용을 소리 내어 연습하고 나면, 목은 다 쉬고 입주변 근육은 마비된 듯 얼얼했다(영어로 말할 때와 한국어로 말할 때 쓰는 근육이 다르다는 걸 그때 처절하게 경험했다!). 다음날 이미 망가진 목소리로 같은 수업을 두 차례 반복하고 집에 오면, 오후 내내 한국 드라마를 보며 맥주를 마셨다. 그나마 위로가 되었던 것은, 당시 한국에서는 찾을 수 없던 다양한 종류의 맥주를 맘껏 즐길 수 있다는 사실이었다. 눈에 띄는 대로 낚아채어 냉장고에 쟁여둔 맥주를 일주일간 뿌듯하게 바라보다가, 금요일만 되면 새로운 맥주 세계에 찬사를 보내며 혼술을 했다. 그렇게라도 스트레스를 털어버려야 다음날부터 어마어마한 양의 숙제와 씨름을 할 수 있었다.

그런데, 성금요일이 다가왔다. 성목요일 미사 때문에 수업 준비도 늦게 시작해 거의 밤을 새다시피 하고 아침까지 굶은 채 학교에 갔으니, 수업이 끝날 무렵에는 정신이 가물가물할 수밖에. 성금요일이고 뭐고 집에 가서 맥주니 뭐 실까보다, 며칠 전 새롭게 찾아낸 맥주가 눈앞에 어른거렸다. 스멀스멀 기어오르는 유혹을 물끄러미 쳐다보며 잠시 고민하던 중, 피식 웃음이 터졌다. 이거야말로 성금요일에 딱 어울리는 설정 아닌가? 배는 고프고, 정신은 혼미하고, 유혹하려는 사탄까지 곁에서 서성거리고⋯ 갑자기 전투력이 불타올랐다. 영적 투쟁이 뭐 별건가? 가자, 성당으로!

십자가 위에서 남기신 마지막 일곱 말씀

십자가 경배 예절은 세 시였다. 시간이 좀 남아 있었으나, 까짓것 영적 투쟁 삼아 기도까지 하자 싶어, 일찌감치 성당 문을 열었는데, 이게 웬일? 성당 안은 이미 사람들로 가득 차 있었다. 재의 수요일에 봤던 모습과 비슷했다. 아니, 이 사람들은 직장에도 안 나갔나? 그러고 보니, 초등학교 교사였던 미국인 지인은 성금요일이 휴일이라 했다. 그런 곳이 꽤 있는 모양이었다. 그건 그렇고, 이 사람들은 대체 뭘 하고 있는 걸까? 휘익 한번 둘러보니, 누군가 제대 위에서 마이크를 잡고 조근조근 이야기를 하고 있었다. 가만 들어보니 신앙 체험을 얘기하는 것 같았다. 아니, 성금요일에 무슨 간증을? 계속 듣고 있어야 하나 그냥 나가야 하나 고민하며 어정쩡하게 서 있는데, 갑자기 "기도합시다!" 하며 기도를 시작하는 거다. 이제 끝났나 싶어 안도의 숨을 내쉬는데, 헐⋯ 기도가 끝나자마자 또 다른 사람이 제대 위로 올라가는 것이 아닌가? 아니, 무슨 간증 대회가 열렸나, 짜증이 막 나려는 순간 진행자의 똑부러진 목소리가 들려왔다. "예수님의 마지막 일곱 말씀 가운데 다섯 번째 말씀입니다. '목마르다.'" 갑자기 귀가 번쩍 뜨이고, 정신이 퍼뜩 들었다. "목마르다." 이 말이, 영어였음에도 불구하고, 그때처럼 의미심장하게 들린 적이 없었다. 예수님의 마지막 숨결이 그곳을 감싸는 것 같았다. 성경 구절이 낭독되고, 제대 위로 올라간 사람이 "목마르다"에 대한 자신의 묵상을 나누기 시작했다. 나도 모르게 귀를 세웠다. 예수님의 마지막 일곱 말씀 묵상 예절을 처음으로 경험하는 순간이었다.

영화나 드라마를 보면 죽어가는 사람이 할 말 다 하고 나서 눈 감는 장면을 자주 보게 된다. 뭘 모르던 시절, 난 모든 사람들이 다 그렇게 죽는 줄 알았다. 작별할 시간을 충분히 갖고 주변 사람들에게 마지막 유언도 남기고 사랑스런 눈길도 보내면서 그렇게 하느님 곁으로 떠나는 줄 알았다. 그런데, 지금까지 가까운 사람들의 죽음을 여러 차례 지켜봤지만, 그런 낭만적인 장면은 단 한 번도 연출된 적이 없었다. 심지어 전혀 예기치 못한 갑작스런 죽음으로 가슴에 피멍이 들기도 했다. 내가 사기를 당해도 크게 당했구나, 영화 같은 죽음은 없구나, 냉소적으로 세상을 바라보던 때, 지인의 어머니가 돌아가셨다는 소식이 들려왔다. "병간호는 내가 하는데 엄마가 나만 몰라보는 건 대체 뭐냐"며 섭섭해하던 지인의 모습이 떠올라 서둘러 문상을 가려는데, 문상객도 안 받고 장례미사도 없다고 한다. 어머니가 이미 시신을 기증하셨고, 시신도 없는 텅 빈 관 앞에서 장례미사 치르지 말라고 살아생전 신신당부 하셨단다. 철저하게 죽음을 준비한 건 좋으나, 자식들은 얼마나 헛헛할까, 당신을 돌보던 딸도 알아보지 못했으면서, 누가 시신 보러 문상 가나, 유가족 위로하러 가는 거지. 그 할머니 참, 유언도 까칠하게 남기고 가셨네, 아무 상관없는 내가 다 섭섭했다. 시간이 좀 지나고 나서야 지인을 만났다. 의외로 담담하게 어머니와 지낸 마지막 날을 이야기하다가, 막바지에 이르러 갑자기 눈물을 쏟기 시작했다. 돌아가시기 직전 기적처럼 제정신을 찾은 어머니가 당신을 돌봐주던 딸에게, 누군지도 몰라보던 딸에게, 마지막 한 마디를 건넸다는 거다. "고맙다."

내가 기적을 체험하지 못했다 해서 기적이 일어나지 않는 건 아니다. 아니, 기적이 일어났는데도 인지하지 못하는 경우가 부지기수일 것이다. 돌이켜보면, 죽음 직전에 유언을 하지 못했을 뿐, 죽음이 어느 정도 임박했을 무렵, 다가오는 죽음을 예측이라도 한 듯 평소와 다르게 말하고 행동했음을 훗날 깨닫는 경우도 있지 않은가? 마치 예수님이 떠난 후에야 제자들이 예수님 말씀을 기억해낸 것처럼. 그럼에도 불구하고, 소중한 사람을 하느님에게로 떠나보낼 때 우리는 마지막 한 마디, 마지막 눈길을 진심으로 갈구한다. 떠나는 사람 또한 마지막 한 마디를 내뱉고자 사력을 다한다. 눈앞에 보이는 사람이 정말 소중한 사람이라면, 그 사람에게 반드시 남겨야 할 말이 있다면, 무슨 수를 써서라도 그 말을 해주고 싶지 않을까? 그 말을 하기 전에는 절대 떠나지 않겠노라며 자기를 데리러 온 천사에게 생떼를 부리고 있을지도 모를 일이다. 생사의 갈림길에서 사생결단 싸워가며 가까스로 뱉어낸 한 마디, 이보다 더 강렬한 울림을 자아낼 말이 어디 있을까?

예수님 수난 묵상의 마지막 퍼즐

예수님은 오래 전부터 자신의 죽음을 예감하고 계셨다. 언제 어디서 어떻게 죽음을 맞게 될 건지도 알고 계셨다. 그러니까, 예수님이 공생활 중에 하신 말씀은 모두 예수님의 유언이라 해도 과언이 아닐 것이다. 혹시라도 제자들이 유언을 기억하지 못할까봐 죽음을 하루 앞두고 성체성사까지 제정해주신다. 나를 기억하여 이를 행하라고. 당신 가르침이 응축된 새로운 계명도 주신다. 서로 사랑하라고. 이렇게 주야장천 유언을 남기고도 예수님은 사력을 다해 마지막 말씀을 일곱 차례에 걸쳐 남기셨다. 그것도 십자가 위에서, 온몸이 피투성이가 되어 정신이 혼미해졌을 상태에서. 아무래도 끝까지 염려가 되었던 모양이다. 끝까지 당신 사랑을 표현하고 싶었던 모양이다. 그런 예수님의 마음이 전해지지 않을 리 없다. 그런 예수님의 마음이 당대의 제자들에게만 전해지고 잊혔을 리도 없다. 이미 예수님은 잡히시기 전, 제자들뿐 아니라 제자들 말을 듣고 당신을 믿는 이들을 위해서도 기도하지 않았던가? "저는 이들만이 아니라 이들의 말을 듣고 저를 믿는 이들을 위해서도 빕니다."(요한 17, 20) 그러니까 분명 예수님은 멀고먼 시공간에서 당신을 부여잡고 하루하루 살아갈 우리들까지 미리 내다보시며 사랑 가득한 눈길로 마지막 말씀을 남기셨으리라. 그렇게 십자가 위에서 우리에게, 나에게 직접 남기신 예수님의 마지막 유언, 그것이 바로 네 개의 복음서에 흩어져 나타나는 '그리스도의 마지막 일곱 말씀'이다.

1. 아버지, 저들을 용서해 주십시오,

   저들은 자기들이 무슨 일을 하는지 모릅니다. (루카 23,34)

2. 내가 진실로 너에게 말한다.

   너는 오늘 나와 함께 낙원에 있을 것이다. (루카, 23,43)

3. 여인이시여, 이 사람이 어머니의 아들입니다."

   이 분이 네 어머니시다. (요한 19,26-27)

4. 저의 하느님, 저의 하느님,

어찌하여 저를 버리셨습니까? (마태 27,46; 마르 15,34)

5. 목마르다. (요한 19,28)

6. 다 이루어졌다. (요한 19,30)

7. 아버지, 제 영을 아버지 손에 맡깁니다. (루카 23,46)

사순절이 되면 으레 십자가의 길을 바치게 된다. 그런데 언젠가부터 11처에서 12처로 넘어가는 발걸음이 무겁게 느껴지기 시작했다. "예수님께서 십자가에 못 박히심"을 묵상하고 곧장 "예수님께서 십자가 위에서 돌아가심"으로 옮겨가자니, 십자가에 못 박힌 채 홀로 남아 계신 예수님이 눈에 밟혔기 때문이다. 십자가에 못 박히신 후 곧장 숨을 거두신 것도 아니고, 마르코복음을 보면 예수님이 십자가에 못 박힌 시간이 아침 아홉시라는데, (요한복음 시간은 많이 다르지만…) 그러면 여섯 시간이나 되는 긴 시간을 예수님 혼자 내비려두는 것 아닌가? 어쩌면, 가장 외로웠을 바로 그 시간에? 의문이 꼬리를 물었다. 왜 십자가 위의 예수님 곁에 머무는 시간이 사순절에 주어지지 않는 걸까? 수난복음 읽는 걸로 그냥 퉁 치는 걸까? 아니면, 십자가 위에 계신 예수님은 집에서나 성당에서나 늘 보니까 그걸로 됐다 싶은 걸까? 매번 생기는 의문이었지만 사순절이 지나면 슬쩍 자취를 감추곤 했다. 그런데 마지막 일곱 말씀 묵상 예절과 마주치면서 오래된 의문이 자연스레 풀려버렸다. 그럼 그렇지, 십자가 위의 예수님을 그냥 지나칠 리 없지… 예수님의 마지막 일곱 말씀. 비로소 예수님 수난 묵상의 마지막 퍼즐이 맞춰진 셈이었다.

음악으로 재탄생한 예수님의 마지막 유언

알고 보니 예수님의 마지막 일곱 말씀과 함께 기도 시간을 갖는 곳이 꽤 있었다. 특히 시카고에서는 1988년부터 매년 성주간에 하이든의 《그리스도의 마지막 일곱 말씀》을 라이브로 연주하는 현악사중주단이 있다고 했다. 버미어 현악사중주단이다. 음악과 함께 일곱 말씀 각각에 대한 강론도 들을 수 있는데, 종교나 교파에 상관없이 일곱 명의 성직자 혹은 사회적 명사가 연사로 초청된다(오바마 전 대통령도 백악관에 들어가기 전에 강론을 맡은 바 있다). 지금까지 이어지고 있는 성주간 시카고의 자랑거리이다. 원래 하이든의 《그리스도의 마지막 일곱 말씀》도 이와 같은 형식의 예절을 위해 스페인의 한 수도원에서 위촉한 음악이었다. 그러니까, 사제가 예수님의 마지막 일곱 말씀 중 첫 번째 말씀을 봉독하고 이에 대한 강론을 하고 나면 제대에서 내려와 무릎을 꿇고 신자들과 함께 기도 시간을 갖는 식이다. 바로 이때 음악이 연주된다. 같은 방식으로 일곱 말씀 하나하나에 대한 강론과 음악이 이어지는 거다. 내가 참여했던 예절은 음악 없이 평신도의 묵상 나눔으로 이루어진 경우였다.

마지막 일곱 말씀 예절에 우연히 참여한 후 하이든 음악까지 종종 찾아 들었지만, 작정하고 일곱 말씀을 묵상하게 된 계기는 따로 있었다. 예수님의 마지막 일곱 말씀을 묵상하면 죽기 30일 전에 성모님이 나타나신다는, 믿거나 말거나 한 얘기 때문이었다. 죽기 전 30일 동안 어떻게 삶을 정리할지까지 구체적으로 상상하며, 바흐의 《마태수난곡》과 함께 치르던 나만의 사순절 의식에 《그리스도의 마지막 일곱 말씀》을 끼워 넣기 시작한 것이다. 그 무렵이었다. 세자르 프랑크가 작곡한 《그리스도의 마지막 일곱 말씀》을 알게 된 것도. 단번에 꽂혀버린 프랑크 음악 때문에 얼마간 하이든 음악을 구석에 밀어 넣고, 오랜 우정을 배반한 듯 하이든에게 미안한 마음이 들기도 했다. 요즘은 하이든과 프랑크의 음악을 번갈아 듣거나 섞어서 듣곤 하는데, 그때그때 기분에 따라 두 작곡가의 음악을 조합하는 재미도 꽤 쏠쏠하다. 죽기 한 달 전에 성모님이 정말 나타나실지 알 수 없지만, 그냥 낚인 거라 해도 별로 손해 볼 일은 아닌 것 같다. 들은 얘기가 사실이면 더욱 좋겠지만.

처음에는 《마태수난곡》이나 《그리스도의 마지막 일곱 말씀》이나 모두 비슷한 묵상이 되리라 생각했다. 마지막 일곱 말씀을 수난곡의 부록 내지 보충자료 정도로 여겼던 것 같다. 그런데 해가 거듭될수록 둘 사이의 차이가 확연해졌다. 바흐의 《마태수난곡》을 들을 때는 전적으로 예수님께 감정이입을 하며 예수님의 수난에 모든 정신을 집중하게 되는데, 《그리스도의 마지막 일곱 말씀》을 들을 때는 예수님의 수난보다 예수님이 주시는 위로에 집중하는 거였다. 음악 때문이기도 했다. 《마태수난곡》은 음악과 가사 모두 심장 속을 꿰뚫으며 통회하지 않을 수 없게 만드는 데 반해, 《그리스도의 마지막 일곱 말씀》은, 하이든의 음악이건 프랑크의 음악이건, 십자가의 무게를 간직하면서도 눈물을 닦아주듯, 상처를 어루만지듯 너무 따뜻하게 다가온다. 작곡가들 탓이라며 애써 핑계를 대보긴 하지만, 어쨌거나 송구스럽기 그지없는 일이다. 내 딴에는 십자가 위에 외로이 남겨져 있을 예수님 곁에 머물러 있으려고, 그래서 예수님 좀 위로해 보려고 시작한 의식이었는데, 예수님을 위로하기는커녕 오히려 내 쪽에서 마냥 위로를 받고 있으니 말이다.

생각해보면 가까운 사람들을 떠나보낼 때도 그랬던 것 같다.

죽음을 앞둔 시간에 기도를 해준다며 옆에 앉아 있긴 했는데, 그 시간으로 인해 위로 받은 건 오히려 나였다는 것. 떠난 사람에게 너무나 미안한 마음이 들어 몇 날 며칠 눈물콧물 흘려가며 기도를 바치긴 했는데, 오히려 그 기도 덕분에 고통스런 속죄의 시간을 견뎌내고 살아갈 힘을 얻게 되었다는 것. 모두 나중에 돌이켜보고 나서야 깨닫는 일 아니던가. 어쩌면 내가 기도하는 동안, 세상을 떠나가던 이들과 이미 떠나간 이들이 더 간절하게 나를 위해 기도해주지 않았을까? 지금 이 순간에도 그들의 기도 덕을 톡톡히 보며 살고 있는 건 아닐까? 그러니, 죽음을 앞둔 예수님 곁에서 예수님을 위로한답시고 바치는 기도가 거꾸로 내게 얼마나 큰 위안이 될지는 명약관화한 일이다. 실제로 예수님의 마지막 일곱 말씀을 하나하나 되새기다 보면, 이건 정말 우리를 위한 말씀이었구나, 십자가 위에서 극심한 고통을 견디며 그 오랜 시간 버티신 것도 우리를 끝까지 사랑하기 위함이었구나, 크나큰 위로를 받으며 행복해진다.

보라, 십자 나무, 여기 세상 구원이 달렸네

성금요일 십자가 경배 예식 때 사제의 선창과 교우의 응답으로 세 번 반복되는 구절이 있다. "보라, 십자 나무, 여기 세상 구원이 달렸네." "모두 와서 경배하세." 솔직히 말하면, 세상 구원이라는 거창한 문구가 아직 깊이 와 닿지 않는다. 하느님 자비에 대한 신뢰가 부족해서인 것 같기도 하고, 세상살이가 녹록치 않아서인 것 같기도 하다. 어쨌거나 신앙인으로서 갈 길이 여전히 멀다는 뜻이려니 싶다. 하지만, 한 가지 확실한 것은, 십자가 위의 예수님을 바라볼 때 비로소 예수님과의 일치가 손에 닿듯 생생하게 느껴진다는 사실이다. 하느님이신 예수님이 우리와 같아지려고 인간의 몸으로 태어났다고는 하지만, 그래도 전지전능하신 하느님의 아들이신데, 과연 예수님이 나를 얼마나 이해하고 사랑할 수 있을까, 이렇게 하찮고 보잘 것 없는 나, 하느님을 희망하면서도 여전히 낙담하는 시간이 많은 나를 지겨워하지 않고 끝까지 보듬어줄 수 있을까, 여전히 깔려 있던 불신의 찌꺼기가 완벽하게 제거되는 순간이 바로 예수님이 십자가 위에 달려 있던 시간이기 때문이다. "저의 하느님, 저의 하느님, 어찌하여 저를 버리셨나이까?" 이 말씀 하나만으로도 예수님은 나의 모든 것을 이해하겠구나, 내가 하느님의 부재를 느낄 수밖에 없는 상황에 처할 때라도 예수님은 나를 품어주겠구나, 예수님이 나의 바닥까지 내려오셨으니 나를 끌고 예수님 계신 곳까지 올라가 줄 수 있겠구나, 안도감이 들기 때문이다.

그래서일까, 병을 고쳐주는 예수님도 좋고, 빵과 술을 주시는 예수님도 좋지만, 내 속에 있는 모든 것을 거리낌 없이 내보이며 내쳐 달려가 안기고 싶은 예수님은 십자가 위의 예수님이다. 예수님이 무엇을 해줄 것이라는 기대보다 예수님이 나의 모든 것을 다 이해하고 사랑하신다는 확신, 그래서 예수님과 함께라면 나도 기꺼이 십자가 위에서 죽음을 맞이할 수 있겠다 싶은 희망, 난 이것을 감히 구원이라 부르고 싶다. 예수님과 함께 있는 시간, 십자가를 바라보며 예수님의 크나큰 위로를 받고 안도감을 넘어 행복해지는 시간, 그것이 바로 구원의 시간 아니겠는가?

프랑크 《그리스도의 마지막 일곱 말씀》
César Franck (1822-1890) : Les Sept Paroles du Christ sur la Croix (1859)

프랑스 낭만주의 작곡가. 벨기에에서 태어났으나 생애 대부분을 파리 시내 성당의 오르간 연주자로 활동하며 뛰어난 즉흥연주로 명성을 쌓았다. '사제 프랑크'라고 불릴 성노의 깊은 신앙심과 진중한 성격을 음악 안에서도 엿볼 수 있다.

• 너는 오늘 나와 함께 낙원에 있을 것이다

십자가 위의 예수님에게서 가장 큰 위로를 받으며 가장 큰 행운을 거머쥔 사람은 예수님과 함께 십자가에 못 박혔던 우도右盜 아닐까 싶다. "예수님, 선생님 나라에 들어가실 때 저를 기억해주십시오." 이 말 한 마디로 천국에 들어가게 되었으니 말이다. 우도와 같은 행운을 받아 챙기려는 듯, 이 구절만 계속 반복하는 떼제 성가(가톨릭과 개신교를 아우르는 프랑스의 떼제 공동체에서 만들어 부르는 성가. 짧고 단순한 구절을 수차례 반복해서 노래하는 것이 특징이다)도 있다. "주여, 주 예수여, 저를 기억해주소서. 주여, 주 예수여, 당신 나라 임하실 때." 언젠가 사순절 평일 미사에서 신부님이 영성체를 시작하며 이 노래를 나직이 부르는 바람에 모든 신자들이 영성체가 끝날 때까지 이 노래를 반복하며 부른 적이 있다. 마지막 일곱 말씀 예절을 가르쳐준 바로 그 본당이었다.

내가 경험한 미국의 평일 미사에는 성가가 없었다. 왜 성가를 안 부르냐고 했더니, 미국인 지인이 이렇게 말했다. "한국에서는 평일 미사에서도 노래를 불러? 왜? 한국 사람들은 노래하는 걸 좋아하는구나." 그러니까, 미국 사람들은 노래하는 걸 안 좋아한단 뜻이구나, 그냥 그렇게 이해하고 성가 없는 미사에 익숙해져 있을 때였다. 그런데 갑자기 우도의 기도를 다함께 노래로 바치다보니, 이러다 곧장 천국 가겠다 싶을 정도로 밝고 따뜻한 기운이 엄습해 오는 것이었다. 역시, 음악이 이래서 좋은 건데, 이 좋은 걸 안 써먹다니… 평생 잊을 수 없는 미사였다.

우도와 썸 타는 예수님

우도의 기도와 이에 대한 예수님의 대답, 그러니까 《그리스도의 마지막 일곱 말씀》의 두 번째 말씀에 프랑크가 붙인 음악은 떼제 성가보다 한술 더 뜬다. 음악을 시작하는 단순한 전주부터 이미 따사로운 햇살을 한가득 품고 있으니 말이다. 그 햇살 속에서 들려오는 노랫소리, "오늘, 오늘, 당신은 천국에 들어갈 거예

[예수님]

오늘, 오늘, 들어갈 겁니다, 들어갈 거예요, 천국으로.

정말로, 정말로 하는 말이거든요.

호디에, 호디에, 메쿰 에리스, 메쿰 에리스 인 파라디소.

아멘, 아멘, 디코 티비.

호디에, 메쿰 에리스, 메쿰 에리스 인 파라디소.

[우도]

주님, 주님, 저를 기억해주세요. 당신이 들어가실 때, 당신 나라로 말이에요.

도미네, 도미네, 메멘토 메이, 쿰 베네리스, 인 레그눔 투움.

도미네, 도미네, 메멘토 메이, 쿰 베네리스, 쿰 베네리스, 인 레그눔 투움.

[예수님과 우도의 이중창]

호디에, 호디에	메쿰 에리스	메 - 쿰 에 -리스	인 파 라 디 소
		도미네, 도미네	메 멘 토 메이

호디에, 호디에	메쿰 에리스	메 - 쿰	에 -리스 인	
도미네, 도미네	메멘토 메이, 메멘토	메이, 쿰	베네리스	인 레그눔 투움

호디에, 호디에	메쿰 에리스	메 - 쿰	에 -리스 인	파라디 -소
도미네, 도미네	메멘토 메이, 메멘토	메이, 쿰	베네리스 인	레그눔 투움

	호 - - 디 에		호 - - 디 에
메멘토 메이	도 - - 미 네	메멘토 메이	도 - - 미 네

제4장. 오늘 나와 함께 낙원에

요. 정말로, 정말로 내가 말합니다." 마치 예수님께서 세례 받으실 때, 다볼산에서 영광스런 모습으로 변모하셨을 때, 하늘에서 들려오던 그 목소리 같다. 이어지는 우도의 노랫소리, "주님, 주님, 저를 기억해 주세요. 주님 나라 들어가실 때요." 이어서 예수님과 우도가 함께 노래하는데, 잠시 서로 엇갈리듯 하다가 곧 하나가 되어 노래한다.

프랑크는 라틴어 가사를 사용했는데, '오늘(호디에)'과 '주님(도미네)' 발음이 비슷하다보니, '오늘'과 '주님'을 함께 노래할 때는 두 단어가 구분이 안 될 정도다. 다른 구절에서도 프랑크는 비슷한 발음끼리 서로 겹쳐지도록 두 개의 선율을 교묘하게 엮어 놓았다. 이렇게 두 사람이 하나인 듯 일치해서 노래하는 걸 듣다 보면, 아니 이건 뭐, 예수님과 우도가 썸 타는 것 아녀?, 질투 섞인 미소가 절로 퍼지고 만다. 그러다가 어느새 우도 자리를 치고 들어가 예수님과 썸 타는 내 모습을 발견하기도 한다.

예수님과 썸 타는 우도가 부럽긴 한데, 십자가에 못 박힐 때까지 우도의 삶이 어땠을지 상상해보면 부러움 따위는 금세 사라진다. 우도 자리를 치고 들어갈 엄두조차 나지 않는다. 어쩌면 프랑크는 강도로 살아온 우도를 위로하고 싶어 이렇게 따뜻한 음악을 만들어주었는지 모르겠다. 우도가 사실은 로마에 대항하던 반란군이었다는 얘기도 있는데, 강도건 반란군이건 간에, 누군들 강도로, 반란군으로 살고 싶었을까? 누군들 편안하고 안정된 삶을 살고 싶지 않았을까? 달리 살아갈 방법이 없는 상황에서 내몰리다시피 가게 된 길은 아니었을까? 몸도 마음도 얼마나 피폐해 있었을까? 어쩔 수 없이 주변 사람에게 해를 입히기라도 하면, 죄의식에는 또 얼마나 시달렸을까? 프랑크가 살던 시대에도 하느님의 크나큰 위로를 받아 마땅할 수많은 이들이 얼마나 고단한 삶을 이어가고 있었던가?

프랑크와 레미제라블 시대

프랑크가 태어난 곳은 벨기에의 리에지, 하지만 생애 대부분을 보낸 곳은 프랑스의 파리, 그것도 극심한 정치적 격변을 겪고 있던 19세기 파리였다. 18세기 유럽 최고의 도시였던 파리는 1789년 프랑스혁명 이후 혼돈 속으로 빠져들었고, 대다수 서민은 말 그대로 '레 미제라블(비참한 사람들)'로 남아 가난과 고통과 억압에서 헤어나지 못하고 있었다. 영화와 뮤지컬로 만들어져 더욱 유명해진 빅토르 위고의 소설《레 미제라블》(1862)의 클라이맥스를 장식하는 6월 봉기(1832)가 일어났을 때는, 프랑스 전역을 휩쓴 콜레라가 서민의 삶을 초토화시킨 직후이기도 했다.

이로부터 몇 년 뒤 파리에 정착한 프랑크는 결혼식도 혁명과 함께 치렀다. 1848년 2월 22일, 2월 혁명이 발발하던 날, 자신이 오르간 연주자로 봉직하던 로레트 노트르담 성당에서였다. 이날 프랑크의 신부新婦는 바리케이드를 넘어 성당에 도착했다. 희망을 향해 매진하는 사람들이 존재함에도 불구하고, 여전히 희망을 찾기 힘든 사람들이 대다수를 차지하는 세상, 프랑크는 그런 세상에서 음악을 도구로 하느님 나라를 희망했다. '신비주의'라 일컫는 그의 음악적 성향도, 10여 년간 공들인 오라토리오 대작 《진복팔단》도, 예수님이 우도에게 약속한 천국을 프랑크도 마음에 품고 살았다는 증거 아니겠는가? 그래서 그를 열렬히 따르던 제자들에게는 '사제 프랑크' '천사 프랑크'라 불렸고, 후대 음악가들에게는 어느 누구보다 영혼이 맑은 음악 봉헌자로 기억되는 것 아닐까? 어디 그뿐인가? 그의 대표작 〈생명의 양식〉(가톨릭성가 503번)은 종교에 상관없이 온 세상 사람들의 영혼을 반세기 넘게 어루만져 주고 있지 않은가?

오래 전 일이지만, 루르드에서 얼마간 지낸 적이 있었다. 솔직히 고백하건대, 루르드에 가기 전에는 루르드에 대한 관심이 거의 없었다. 아는 바도 별로 없었다. 성모님이 루르드에서 어린 소녀에게 나타나셨고, 그곳을 순례한 많은 사람들이 치유 기적을 경험했다는 것 정도였다. 그 어린 소녀가 벨라뎃다 성녀라는 것도, 그 소녀가 가난하고 병약했다는 것도, 성모님이 "나는 원죄 없는 잉태"라면서 그 어려운 말을 14세 어린 소녀를 통해 본당 신부님에게 전했다는 것도, 루르드 가서야 알게 되었다. 기본 정보를 다 듣고도 별다른 호감을 느끼지 못했던 벨라뎃다 성녀에게 갑자기 호기심이 발동한 건, 어린 벨라뎃다가 성모님을 만났을 당시 가족과 함께 살았다는 단칸방을 방문했을 때였다.

'까쇼'라 부르던 그 장소는 다름 아닌 지하 감방이었다. 갈 곳 없는 사람들에게 비어 있는 감방을 한 칸씩 내주어 살게 했다는 것이다. 가난했다는 말을 듣긴 들었으나, 아니 무슨 감방을, 빛도 들어오지 않는 음습한 공간을 거주지로 쓴단 말인가? 그것도 여덟 명이나 되는 대가족이? 갓난아기도 있었다면서? 이게 대체 언제적 얘기란 말인가? 손에 쥐고만 있던 팸플릿을 펼쳐들었다. 1844년 벨라뎃다 출생, 1858년 성모님 발현… 프랑크가 살았던 19세기 프랑스, '레 미제라블' 시대였다. 어디서 희망을 찾아야 할지 모르던 암울한 시대에, 가난한 이들 가운데 가장 가난한 이에게 성모님이 나타나신 거였다. 어디, 성모님이 벨라뎃다 한 사람만을 위해 나타나셨겠는가? 프랑스의 모든 가난한 이들에게, 나아가 온 세상의 모든 가난한 이들에게, 믿기 어렵겠지만 하느님의 현존을 잊지 말라고, 삶이 고단하더라도 인내를 가지고 "보이지 않는 것을 희망"(로마 8, 25)하라고, 내가 몸소 희망의 표징이 되어주겠노라, 극구 나타나신 것이 아니겠는가?

우리와 썸 타고 싶은 예수님

예수님과 함께 십자가에 못 박혔던 우도 또한 "보이지 않는 것을 희망"하며 살던 사람이 아니었을까 싶다. 그러지 않고서야 자신과 똑같이 가장 처참한 모습으로 가장 치욕스런 형벌을 받고 있던 사람이 아무 죄도 없다는 것을, 자신을 구원해줄 분이라는 것을 어찌 알아챌 수 있었을까? 우도에 대한 이런저런 얘기들이 떠돌아다닌다. 성모님과 성 요셉이 어린 예수님을 데리고 이집트로 도망갈 때 만났던 강도인데 예수님을 보고 그냥 놓아주었다는 얘기, 그 아기가 십자가 위의 예수님이란 걸 우도가 알아봤다는 얘기, 성모님도 그 강도를 십자가 아래에서 알아보고 그 강도의 회개를 위해 기도했다는 얘기 등등 말이다.

하지만, 한번 스쳐간 예수님을, 그것도 갓난아기였던 예수님을 십자가 위에서 알아봤다는 얘기도, 아들이 죽어가는 끔찍한 상황에서 그 옛날 마주쳤던 강도를 알아봤다는 얘기도 별로 와닿지 않는다. 오히려 우도가 평소 하느님을 두려워하며 보이지 않는 것을 희망하며 살았기에, 벨라뎃다 성녀가 다른 사람들 눈에는 보이지 않는 성모님을 보고 성모님과 이야기까지 나눌 수 있었던 것처럼, 예수님을 알아봤다고 하는 편이 더 설득력 있어 보인다. 보이지 않는 것을 희망했기에, 이 세상이 끝이 아님을 직감하고 예수님이 바로 그 희망 자체이심을 알아본 것 아닐까?

또 다른 해석, 그러니까 예수님이 심상치 않은 분임을 눈치챈 것은 예수님의 마지막 일곱 말씀 가운데 첫 번째 말씀 때문이었다는 해석은 그나마 수긍할 만하다. "아버지, 저들을 용서해 주십시오, 저들은 자기들이 무슨 일을 하는지 모릅니다." 자신을 매질하고 십자가에 못 박고 조롱하던 사람들을 오히려 측은하게 바라보며 대신 용서를 구하는 이 사람은 대체 누굴까, 의심의 눈초리로 곁눈질했음직하다. 그런데, 이 말씀을 우도만 들었겠는가? "당신이 메시아면 당신과 우리를 구원해보라"며 비아냥거렸던 또 다른 죄인도 분명 이 말씀을 들었을 게다. 같은 상황에서 예수님을 만나고 같은 말씀을 들어도 결과는 얼마나 다르게 나타나는지 우리도 늘 경험하지 않던가. 어쩌면, 예수님은 이미 이 죄인까지 포함시켜 용서의 기도를 바치셨을지 모른다.

어디 그뿐이랴. 당신을 팔아버린 제자, 당신을 버리고 도망간 제자들, 당신을 십자가에 못 박으라고 소리치던 사람들, 그리고 오늘도 일상에서 생각과 말과 행동으로 크고 작은 죄를 범하는 우리들, "선을 바라면서도 하지 못하고 악을 바라지 않으면서도 그것을 하고 마는"(로마 7,19) 약하디 약한 우리 죄인들을 위해 바친 기도가 아니었을까? 그 기도를 가장 가까이서 들었을 두 사람, 그 중 한 사람은 그 기도의 은총을 당장 껴안고 예수님께 나아갔고, 다른 한 사람은 그 은총을 거부하고 뿌리쳤을 뿐이다.

하느님은 분명 누구에게나 비를 뿌려주신다고 했다. 다만, 그 비를 흠뻑 맞을 것인지, 우산을 받쳐 들고 비를 피해 다닐 것인지는 오롯이 개인의 몫 아니겠는가? "오늘 나와 함께 낙원에 있을 것"이라는 말씀 또한 우도에게만이 아니라 우리 모두에게, 예수님께서 기억해주길 간절히 바라는 모든 사람들에게 주시는, 이 세상에서든 저 세상에서든 예수님께서 함께 계시겠다는 희망의 약속으로 들린다. 그 약속의 은총을 받아 챙길 것인지 말 것인지, 예수님과 멋들어진 이중창을 부르며 썸을 탈 것인지 말 것인지는, 여전히 개인의 몫으로 남겠지만 말이다.

하이든 《그리스도의 마지막 일곱 말씀》
Joseph Haydn (1732-1809) : Die sieben letzten Worte unseres Erlösers am Kreuze (1787)

모차르트, 베토벤에 앞서 고전 시대 음악의 기틀을 마련한 오스트리아 작곡가. 특히 교향곡과 현악4중주 장르에서 큰 자취를 남겼다. 30년간 헝가리 귀족 집안의 궁정음악가로 봉직하면서도 유럽 곳곳에서 명성을 날렸다.

• 목마르다

    우도에게 천국을 약속하시고, 성모님과 사도 요한에게는 모자의 연을 맺어주신 후, 예수님은 십자가 위에서 철저하게 혼자가 된다. 이제 하느님과 독대할 시간이다. 아버지 뜻대로 하시라, 말은 했지만, 이렇게까지 비참한 죽음을 아들에게 안기다니, 섭섭한 마음은 없었을까? 비뚤어진 신념과 기득권을 지키기 위해 정의도 양심도 저버리고 자신을 죽음으로 몰아넣은 사람들, 그런 사람들에게 부화뇌동하여 자신을 십자가에 못 박으라고 소리친 사람들, 가장 가까이에서 가장 오랜 시간을 함께 보냈으면서도 자신을 모른다며 도망쳐 버린 사람들, 이들의 구원이 십자가 위에서 죽음을 맞이할 정도로 정말 의미 있고 가치 있는 일일까, 회한이 밀려오지는 않았을까? 극심한 고통과 외로움 속에서, 사흘 후 부활한다는 걸 알고 있었다한들, 그게 십자가 위에서 위로나 되었을까? 평소 하느님과 깊이 교감하던 애틋한 느낌이라도 있었다면 외로움은 크게 덜어졌을 텐데, 하느님은 그 느낌마저 거두어 가셨던 모양이다. "저의 하느님, 저의 하느님, 어찌하여 저를 버리십니까?" 이런 부르짖음까지 토하게 만드셨으니 말이다. 이쯤 되면 하느님이 숨을 거두어 가시기만을 바랄 것 같은데, 내 할 바 다 했으니 나머지는 내 알 바 아니라며 지상에는 눈길조차 주지 않을 것 같은데, 예수님은 여전히 애틋한 눈길로 우리를 바라보며 말씀하신다. "목마르다." 여전히 우리를 그리워하며 거듭 말씀하신다. "목마르다."

예수님의 시선과 하이든의 시선

《그리스도의 마지막 일곱 말씀》을 위촉 받았을 당시 하이든은 헝가리 오지에서 부유한 귀족 집안의 음악가로 봉직하고 있었다. 덕분에 안정된 생활을 영위하고는 있었으나, 주인 허락 없이는 여행조차 할 수 없는 처지였기에, 자신의 명성이 유럽 전역으로 퍼지고 있다는 소문을 듣고도 직접 확인할 방법은 없었다.

보다 자유롭게, 보다 넓은 세상으로 나아가고 싶은 음악가의 본성이 고개를 들고 있을 무렵 저 멀리 스페인에서 작품 의뢰가 들어왔으니, 이보다 더 확실한 징표가 어디 있었을까?

하이든은 먼저 오케스트라 버전으로 음악을 만들어 스페인으로 보내고 후일 현악사중주·오라토리오·피아노 독주곡 버전으로도 이 음악을 출판했다. 그만큼 하이든 마음에 쏙 들었던 음악이고, 교회 밖에서도 연중 인기를 구가하던 음악이었다. 현재 가장 많이 연주되는 버전은 현악사중주인데, 특히 다섯 번째 말씀, "목마르다"에 관한 한, 개인적으로 현악사중주 버전을 가장 선호한다. 네 개의 현악기로만 연주되는 메마르고 카랑카랑한 사운드 안에서 물기 하나 없이 쩍쩍 갈라진 땅덩이가 끝도 없이 펼쳐지기 때문이다. 그런데, 가만 들어보면 메마른 사운드만 있는 건 아니다. 소박하면서도 밝은 선율이 메마른 사운드를 감싸며 따뜻한 기운을 만들어내기도 한다. 덕분에 메마름도 견딜 만해지고, 어느 순간 온기도 전해진다. 어딘가 오아시스가 있을 거라는 희망도 갖게 된다.

처음 이 음악을 들었을 때는 하이든의 성격이 워낙 낙천적이어서 예수님이 십자가 위에서 겪은 끔찍한 고통을 표현하기 힘들었을 거라고, 게다가 작곡가로서 자신의 명성을 확인하고 한껏 고무된 상태에서 만든 음악이었기에 들뜬 마음을 감추지 못했을 거라고, 그래서 심지어 "목마르다"에서도 메마른 사운드 위에 하이든 특유의 따뜻한 생기를 얹은 거라고 지레 짐작했었다. 어려서부터 독실한 가톨릭 신자로 살았던 하이든이 나이 오십을 넘겨 만든 음악인데, 그것도 성금요일에 연주될 거라 엄청 심혈을 기울여 만든 음악인데, 그만큼 작곡가 자신에게 남다른 사랑을 받았던 음악인데, 그런 음악을 제멋대로 해석하며 하이든을 예수님 수난에 공감하지 못한 사람으로 치부해 버리다니….

구차한 변명을 좀 보태자면, 난 예수님의 고통에만 눈길이 꽂혀 있었던 거다. 따뜻함이나 생기 따위는 언감생심 꿈도 꾸지 못할 정도의 고통이라 여겼기에, 철저하게 버려진 예수님의 외로움에만 집중하고 있었던 거다. 예수님이 누구를 바라보며 목말라하건, 무엇 때문에 이런 고통을 받고 있건 상관없이 예수님의 고통만 쳐다보고 있었던 거다. 반면, 하이든은 예수님의 목마름이 우리 인간을 향해 있음을 간파하고, 우리를 바라보는 예수님의 애틋한 눈길을 감지해냈던 것이리라. 바로 그 눈길과 마주쳤을 하이든이 어떻게 메마름만 가득한 음악을 만들 수 있었겠는가? 어떻게 신 포도주를 가져다 드릴 수 있었겠는가? 사마리아 여인처럼 시원한 생수를 담아 드리고 싶지 않았겠는가? 음표 하나 하나에 따뜻한 생기를 머금은 생수를 담아 예수님의 목마름을 채워드리고 싶지 않았겠는가?

공감이라는 미명 하에 자주 잊는 것이 있다. 사랑은 같은 곳을 바라보는 것이라는, 상투적이지만 실행하기는 결코 쉽지 않은 진리 말이다. 예수님은 우리와 같은 곳을 바라보며 같은 걱정을 하고 같은 고통을 겪기 위해 인간이 되셨는데, 정작 우리는 인간이 되신 예수님만 바라보며 예수님의 인간적인 고통에만 머물러 있는 건 아닌지… 십자가 위에서 죽음을 목전에 두고 예수님은 왜 그토록 우리 인간을 목말라하셨을까? 자신의 고통이 고통만으로 끝날 거라면, 과연 예수님이 우리를 목말라하셨을까? 예수님은 이미 십자가 위에서 죽음 너머에 있는 다른 무엇을 바라보고 계셨던 건 아니었을까? 우리와 함께 나누고 싶은 그 무엇 말이다. 다만, 당신은 손과 발이 묶여 움직일 수 없으니, 우리의 발걸음을 제발 십자가로 옮겨달라고 애원하고 계셨으리라. 하이든은 예수님과 눈만 마주친 것이 아니라, 예수님의 시선을 따라가며 예수님과 같은 곳을 바라봤을지도 모른다.

죽음에서 생명으로, 천상을 향해 가는 순례여정

부활성야미사에서 우리는 탈출기 이야기를 듣는다. 모세를 따라 갈대 바다 앞에 다다른 이스라엘 사람들. 하지만 이집트 병사들이 바짝 추격해온다. 이스라엘 사람들은 광야에서 죽게 생겼다며, 이집트에서 왜 데리고 나왔냐고 모세를 닦달하기 시작한다. 두려워하지 말라는 모세의 말이 그들 귀에 들렸을 리가 없다. 그들을 인도하던 하느님의 천사마저, 구름 기둥마저 눈앞에서 사라져버렸으니 말이다(탈출 14,19). 성경을 읽는 우리는 하느님의 천사가, 구름 기둥이 그들 뒤로 가서 지켜준다는 사실을 알고 있지만, 과연 그들이 그걸 알기나 했을까? 하느님마저 우릴 버렸다며 더욱 격하게 모세에게 덤벼들지는 않았을까?

진퇴양난의 기로에서 사색이 되었을 바로 그 순간, 하느님은 거센 바람으로 바닷물을 밀어내며 바다를 마른 땅으로 만들고 계셨다. 길이 없어 보이는 곳에서 길을 만들고 계셨다. 그것도 과거와 완전히 결별하고 새로운 세상으로 나아가는 길, 죽음에서 생명으로 건너가는 파스카의 길 말이다. 지금도 하느님은 우리가 상상할 수 없는 곳에서 파스카의 길을 준비하며 묵묵히 우리의 원망을 듣고 계실지 모른다. 어둠이 짙은 상황에서도, 하느님마저 우리를 버렸다며 울부짖는 바로 그 순간에도 말이다. 그런데 이왕이면 우리 인간이 파스카의 길을 준비하는 하느님을 알아봐주길, 보이지 않더라도 희망해주길, 하느님은 바라고 계시지 않을까?

    2016년에서 2017년으로 넘어가던 엄동설한에 수많은 사람들이 광화문에서 촛불을 들었다. 나와 같이 평범한 사람들, 평소 불의와 숱하게 맞닥뜨리면서도 자신의 일에 충실하던 사람들, 하지만 이제는 더 이상 참을 수 없어 밖으로 뛰쳐나온 사람들, 정의에 목마르고 진실에 굶주린 사람들이었다. 끝없이 이어지는 촛불을 바라보며 난 19세기 프랑스, '레 미제라블' 시대를 다시금 떠올렸다. 벨라뎃다 성녀가 성모님을 만났던 루르드를 향해 발걸음을 재촉하던 수많은 사람들. 이들이 과연 육체적 치유만을 기원하며 그곳에 모여들었을까? 비슷한 시기에 루르드에서 멀지 않은 곳, 아르스 본당에도 수많은 사람들이 모여들었다. 사제 비안네 성인에게 고해성사를 보기 위해서였다.

    가끔 상상의 나래를 펴고 당시 사람들의 행렬을 머릿속에 그려보곤 한다. 간절한 눈빛을 담고 성모님이 발현하셨다는 루르드로, 비안네 신부님이 계시는 아르스 본당으로 향해 가는 사람들. 일면식도 없었지만 같은 길을 걸으며 도반道伴이 되어가는 사람들. 어둠이 짙은 상황에서도 하느님을 희망하는 사람들. 이들이야말로 진정한 하느님의 백성, 진정한 교회의 모습이 아니었을까? 시공간은 다르지만 역시 간절한 눈빛으로 광화문에 모여든 사람들. 분노를 표출하기보다 희망을 이야기하며 같은 곳을 바라보던 사람들. 빛으로 어둠을 밝히고 진실로 거짓을 이기려던 사람들. 망가질 대로 망가진 나라를 바라보면서도 낙담하거나 포기하지 않고 오히려 서로를 격려하며 저 너머에 있는 희망을 바라보려 안간힘을 쓰던 사람들. 이들 역시 같은 길을 걷는 진정한 하느님의 백성이 아니었을까?

지상생활은 천상을 향해 가는 순례여정이라고 한다. 그러니까, 지상에서 말 그대로의 천상을 기대하는 건 무리지만, 하느님을 믿고 희망하면 지상에서도 천상을 맛볼 수 있다는 뜻일 게다. 말도 안 되는 소리 같긴 하지만, 실제로 논리정연하게 설득할 수 있는 말도 아니지만, 부정할 수 없는 말이기도 하다. 그래서 이런 걸 '신비'라고 하나보다.

그 신비의 절정이 바로 십자가 위의 예수님이 "목마르다"라고 말한 순간이 아닐까 싶다. 지상과 천상의 경계, 절망과 희망의 경계, 죽음과 생명의 경계이기 때문이다. 어쩌면 우리는 바로 그 경계선상에서 지상 순례를 하고 있는지도 모른다. 공존할 수 없어 보이는 것들이 공존하는, 가끔은 하느님에게까지 버림받은 것 같아 주저앉고 싶지만, 사실은 하느님 나라와 아주 가까운 그런 상태. 그래서 우리는 여전히 어둠 속에서 빛을, 절망 속에서 희망을 찾아 매진할 수 있는 것이 아닐까. 어떤 상황에서도 하느님이 현존하심을 믿기에, 그런 하느님을 희망하는 순간, 묵묵히 바닷물을 밀어내고 있을 하느님이 우리 눈앞에 모습을 드러낼 것이기에. 그렇게 우리가 예수님과 같은 방향을 바라보는 순간, 예수님은 십자가 위에서 환한 미소를 지으며 이렇게 말씀하시지 않을까? "다 이루어졌다." 그리고는 편안한 마음으로 하느님께 당신 영을 맡기지 않으실까? "아버지, 제 영을 아버지 손에 맡깁니다."

레퀴엠

평일 새벽미사를 다니다보면 종종 장례미사와 마주치게 된다. 돌아가신 분을 위해 기도하라는 건가보다 생각하며 기꺼이 장례미사에 참여하지만, 가끔은 피하고 싶은 생각도 든다. 매번 창피할 정도로 눈물을 펑펑 쏟기 때문이다. 미사가 끝나고 나면 눈도 코도 빨개져 쉽사리 자리를 뜰 수도 없고, 자리에 남아 눈물콧물 닦다 보면 뭔가 사연 있는 사람으로 보일 것 같기도 하고, 이래저래 민망하기 그지없다. 내가 쏟는 눈물도 다 돌아가신 분과 유가족을 위한 기도려니, 혼자 위로하려 애써도 민망함은 좀처럼 가시지 않는다.

장례미사에서는 성가도 따라 부르지 않는다. 위령성가를 따라 불렀다간 눈물콧물의 양이 배가되기 때문이다. 가끔은 집에서 혼자 위령성가를 부르며 떠나가신 분들을 기억하고 싶을 때도 있지만, 실행에 옮기진 않는다. 혼자 부르는 위령성가도 눈물샘을 자극하기에 충분하기 때문이다. 어째 나이가 들수록 눈물이 더 헤퍼지는 것 같다. 그래서 위령성가 대신 다른 음악을 찾아 듣는다. '안식'이란 뜻을 가진 '레퀴엠', 죽은 이들을 위한 미사곡이다. 눈물샘을 자극하지 않으면서 차분하게 먼저 떠난 분들을 기억하고 싶을 때, 세상을 떠난 분들의 안식과 함께 나의 안식도 청하고 싶을 때 듣는 음악이다. 장례미사에서 훌쩍거리다가 집에 돌아와 듣기도 하고, 위령성월에 일부러 찾아 듣기도 하지만, 사순절에도 빠지지 않는 레퍼토리이다. 예수님의 죽음을 묵상할 때마다 먼저 떠난 분들이 슬그머니 머릿속을 스쳐 지나가기 때문이다.

레퀴엠의 첫 곡 〈입당송〉은 아주 익숙한 기도문으로 시작한다. "주님, 그들에게 영원한 안식을 주소서, 영원한 빛을 그들에게 비추소서." 라틴어 가사는 '안식' 즉 '레퀴엠'이란 단어로 시작한다. 그래서 '레퀴엠'이란 이름이 붙었다. 〈입당송〉 뒤에 〈자비송(키리에)〉이 이어지면서 레퀴엠도 일반 미사곡 순서를 따라가지만, 〈입당송〉같이 부수적으로 따라붙는 곡들이 꽤 있어서, 일반 미사곡보다 레퀴엠이 길어지는 경우가 많다. 특히, 레퀴엠의 부속가 〈진노의 날(디에스 이래)〉은 19절까지 이어지는 장대한 종교시다. 너무 길어서 보통 6-10곡으로 나누어 작곡하는 것이 일반적이다.

영화 《아마데우스》(1984)의 마지막 부분을 보면, 모차르트가 침대에 누워 기진맥진한 상태로 〈진노의 날〉 가운데 '저주받은 자들이 혼란스러울 때(콘푸타티스)'를 작곡하는 장면이 나온다. 머릿속에 이미 곡 전체가 완성되어 있는 듯, 살리에리에게 음악이 어떻게 진행되는지, 어떤 악기를 사용하는지 설명하며 간간이 노래도 불러준다. 살리에리는 모차르트의 지시대로 음 하나하나를 악보에 옮겨 적는다. 영화 《아마데우스》 때문에 억울하게 모차르트 살해자로 지목당한 살리에리가 이 자리에 있었을 리는 만무하지만, 죽음을 앞둔 모차르트가 마치 자신의 죽음을 준비하듯, 다른 사람의 도움을 받아 레퀴엠을 작곡한 건 사실이다. 하지만 '저주받은 자들이 혼란스러울 때'에 이어지는 '눈물의 날(라크리모사)' 8마디까지 작곡해놓고 모차르트는 눈을 감는다. 《아마데우스》에서 가뜩이나 애잔한 모차르트의 장례식 장면을 더욱 처절하게 만들어주는 음악이 바로 '눈물의 날'이다. 비록 다른 작곡가가 완성했으나, 《아마데우스》 덕분에 지금도 유명세를 타고 있는, 모차르트의 대표곡 중 하나이다.

〈진노의 날〉은 대부분 '눈물의 날'로 끝을 맺는데, 사실 이 곡은 〈진노의 날〉 18-19절 가사를 합쳐놓은 것이고, 마지막 19절은 종종 독립된 곡으로 등장하기도 한다. 〈자비로운 예수님(피에 예수)〉이 바로 그것이다. "자비로운 주 예수님, 그들에게 안식을 주소서." 세 명의 북아일랜드 사제들이 결성한 음악 그룹 '더 프리스츠'도 〈자비로운 예수님〉을 녹음한 적이 있다. "피에 예-수-, 피에 예-수-, 피에 예-수-, 피에 예-수-" 나지막한 목소리로 '피에 예수'를 네 번 반복하며 시작하는 이 노래는 뮤지컬 《캣츠》 《오페라의 유령》 등으로 세계적 명성을 얻은 작곡가, 앤드류 로이드 웨버의 작품이다. 부친의 죽음을 계기로 만든 레퀴엠 중 한 곡이었는데, 지금은 레퀴엠과 상관없는, 종교와도 상관없는 싱글 히트곡이 되어버렸다. 보통 〈자비로운 예수님〉에 이어지는 곡은 〈하느님의 어린 양(아뉴스 데이)〉이다. "하느님의 어린 양, 세상의 죄를 없애시는 주님, 그들에게 안식을 주소서(가사가 일반 미사곡과 살짝 다르다)." 하지만 로이드 웨버는 〈하느님의 어린 양〉을 따로 작곡하지 않고, 〈자비로운 예수님〉에 〈하느님의 어린 양〉 가사를 섞어 놓았다.

자비로운 예수님,	피에 예수,
세상의 죄를 없애시는 분,	퀴 톨리스 페카타 문디,
그들에게 안식을 주소서.	도나 에이스 레퀴엠.
하느님의 어린 양,	아뉴스 데이,
세상의 죄를 없애시는 분,	퀴 톨리스 페카타 문디,
그들에게 안식을 주소서,	도나 에이스 레퀴엠,
영원한 안식을.	셈피테르남 레퀴엠.

로이드 웨버의 레퀴엠이 세상에 나오기 전에는 누군가 〈자비로운 예수님〉을 노래한다고 하면, 당연히 프랑스 작곡가 가브리엘 포레의 곡이려니 했다. 그만큼 독보적인 인기를 누리던 음악이다. 소프라노 독창으로 들려오는 아련한 목소리. "피-에 예-수 도-미네, 도-나- 에이스 레-퀴엠… (자비로운 주 예수님, 그들에게 안식을 주소서)" 너무도 간절해서 예수님이 절대

거절하지 못할 것 같은, 예수님이 직접 연옥에 가서라도 노래하는 사람이 마음에 품고 있는 영혼을 즉시 천국으로 데려갈 것 같은, 그런 노래이다.

여기에 이어지는 〈하느님의 어린 양〉은 더할 나위 없이 풍성하고 충만한 사운드를 선사한다. 천상에 도착한 신입 영혼들을 맞이하며 성인들과 천사들이 벅찬 마음으로 바치는 감사의 기도라고나 할까. 그 안에서 먼저 떠난 이들이 환한 미소를 지으며 지상에 남은 이들에게 이렇게 말하는 듯하다. 우리는 하느님 곁에 있으니 염려하지 말라고, 우리 때문에 슬픔에 잠기지 말라고, 우리가 함께 기도할 터이니 하느님을 희망하며 기쁘게 살라고. 어쩌면, 포레의 〈하느님의 어린 양〉은 먼저 떠난 분들을 위한 기도인 동시에, 언젠가 흙으로 돌아갈 우리 모두를 위해 바치는 기도일지도 모르겠다.

외국 소설이나 영화를 보면, 죽음을 앞둔 사람이 자신이 원하는 음악을 들려달라고 부탁하는 경우가 있다. 가끔 난 죽음을 앞두고 무슨 음악을 듣고 싶어 할까, 곰곰이 생각해본다. 상황에 따라 레퍼토리가 자주 바뀌기 때문에 실제 죽음을 앞두고 어떤 음악을 선택할지, 그런 기회가 오기나 할지 알 수 없지만, 포레의 〈자비로운 예수님〉과 〈하느님의 어린 양〉도 일단 후보곡에 속한다. 하느님 얼굴을 한번 맞대고 보기 위해서라도 하느님 계신 곳으로 가긴 가야겠는데, 아무리 생각해봐도 내세울 건 하나도 없고 하느님 자비에만 의지해야 할 판이니, 〈자비로운 예수님〉을 들으며 예수님께 간절히 자비를 청하고, 〈하느님의 어린 양〉을 들으며 성인들의 기도에 힘입어 무작정 하느님 품에 안기려 한다. 그때가 되면 나도 예수님처럼 하느님에 대한 전적인 사랑과 믿음과 희망을 담아, 이왕이면 밝은 미소와 함께, 이렇게 말할 수 있으면 좋겠다. "아버지, 제 영을 아버지 손에 맡깁니다."

제5장

예수님의 사랑과 자비로

| 제5장 |

예수님의 사랑과 자비로

신부님이 대접한 막걸리의 힘으로 예비자 교리를 무사히 마친 아버지가 드디어 부활절을 앞두고 세례를 받게 되었다. 사실 아버지가 영세를 결심한 이유는 단 한 가지, 은혜를 갚기 위해서였다. 어머니 장례 기간 동안 헌신적으로 봉사해주신 레지오 분들이 아버지를 찾아와 외짝교우를 위한 단기간 예비자 교리를 권했고, 아버지는 순순히 응했다. 사람이 은혜를 입었으면 갚을 줄 알아야 한다면서. 아버지를 잘 아는 사람들은 아버지가 정말 세례를 받는 거냐고 몇 번이나 물었고, 자식인 나도 이게 꿈인가 생시인가 싶었다. 그런데 의외로 아버지는 일찌감치 세례명까지 정해놓고 세례식을 기다리고 계셨다. 세례명은 베드로. 그런데 이유가 좀 황당했다. 어머니 세례명이 '베레나'이니, 묘비에 '베드로, 베레나' 이렇게 새기면 보기 좋을 거란다. 어머니와 같은 '베'씨 성에 어머니와 똑같이 석 자 이름을 줄맞춰 새기고 싶으셨던 거다. 무슨, 금슬이 좋았던 부부도 아니면서, 뭐 그렇게까지? 목까지 올라온 말을 꾹꾹 눌러가며 아버지 말에 맞장구를 쳤다. 좋은 일 앞두고 딴지 걸 일 뭐 있으랴.

예기치 않은 사태가 벌어진 건 세례식을 며칠 앞둔 어느 날이었다. 아버지가 부랴부랴 날 찾으시더니 다른 본명이 필요하다고 하셨다. 이유인즉슨, 대부님이 베드로라는 거였다. 상관없다 해도, 어떻게 감히 대부님과 같은 이름을 쓰냐며 당장 다른 이름을 찾아내란다. 아무 이름이라도 들이밀어야 할 판이었다. 성인에 대한 지식이 일천한 내가 '베'씨 성을 가진 다른 성인을 즉시 찾아낼 리 만무했다. 급한 대로 열두 사도를 떠올려봤다. 역시 '베'씨는 베드로가 유일했다. 다음은 석 자 이름을 가진 사도를 차례로 꼽아봤다. 야고보, 필립보, 토마스… 여기서 딱 멈춰버렸다. '의심 많은 토마스'라는 다소 부정적인 이미지가 붙어다니긴 하지만, 나에게는 솔직 담백하기 그지없는, 아주 매력적인 성인으로 각인되어 있었다. 게다가, 별 관계는 없어 보이지만, 당시 개인적으로 인도 음악에 관심이 높아지던 때라 인도에서 순교한 토마스 사도가 마구 친근하게 느껴지던 터였다. 이름이 석 자라서 아버지도 일단 마음에 든 모양이었다. 어떤 사람이냐고 물으시기에, 대충 설명을 드린 뒤 요한복음을 펼쳐들었다.

> "네 손가락을 여기 대 보고 내 손을 보아라.
> 네 손을 뻗어 내 옆구리에 넣어 보아라.
> 그리고 의심을 버리고 믿어라."
> 토마스가 예수님께 대답하였다.
> "저의 주님, 저의 하느님!"
> 그러자 예수님께서 토마스에게 말씀하셨다.
> "너는 나를 보고서야 믿느냐?
> 보지 않고도 믿는 사람은 행복하다." (요한 20,27-29)

여기까지 읽고 나서 아버지 표정을 살폈다. 뭔가 골똘히 생각하던 아버지는 이렇게 물으셨다. "그게, 그러니까, 토마스가 예수님 옆구리에 손을 넣었다는 거냐, 안 넣었다는 거냐?"

제5장. 예수님의 사랑과 자비로

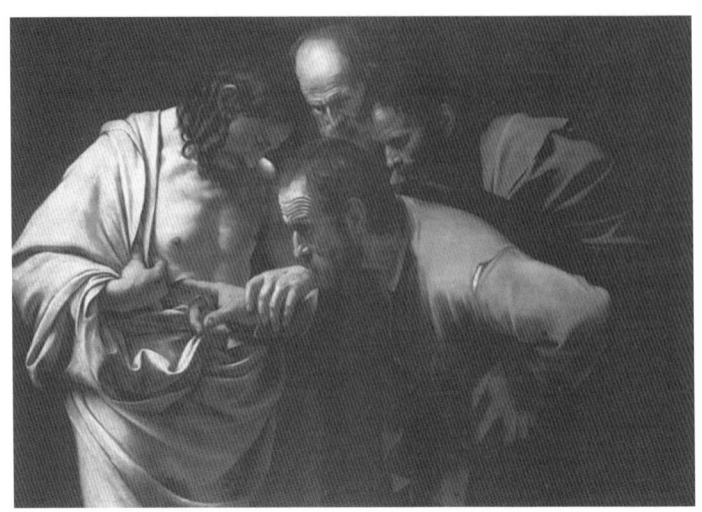

그림1. 카라바조의 〈토마스의 의심〉

토마스의 의심과 예수님의 손

16세기 이탈리아 화가 카라바조의 〈토마스의 의심〉(그림 1)이란 작품이 있다. 토마스 사도가 예수님의 옆구리 상처 안으로 손가락을 쑥 집어넣는 그림이다. 사실 이 그림을 만나기 전에는 토마스 사도가 정말로 예수님 옆구리에 손을 넣었을 거라는 상상을 해본 적이 없다. 그냥, 예수님 말씀이 끝나기가 무섭게 무릎을 꿇고 "저의 주님, 저의 하느님!" 하지 않았을까, 지레 짐작하고 있었던 것 같다. 예수님도 "너는 나를 보고서야 믿느냐?"라고 말씀하시지 않았던가? 예수님 상처를 만져보기라도 했다면, "너는 나를 만져보고서야 믿느냐?"라고 말씀하시지 않았을까? 그런데 카라바조의 그림을 보는 순간 문득 토마스 사도가 정말 예수님 옆구리에 손가락을 넣었을지도 모르겠단 생각이 들었다. 미간을 잔뜩 찌푸리고 눈을 부릅뜬 채 온 정신을 집중하며 손가락을 넣고 있는 토마스의 표정 때문이 아니었다. 혹은, 마침 잘됐다, 나도 예수님 상처를 확인하고 싶었는데, 하는 표정으로 토마스 사도 옆에 바짝 붙어 있는 다른 두 사도 때문도 아니었다(이들 역시 예수님 옆구리에 당장 손가락을 집어넣을 기세다!). 그보다는 토마스의 손목을 살포시 붙들고 있는 예수님의 손, 예수님 계신 곳만 비추고 있는 밝은 빛 때문에 유난히 희게 보이는 예수님의 손 때문이었다.

아무리 예수님이 옆구리에 손을 넣어보라 했기로서니, 설마 기다렸다는 듯 손가락을 쑥 집어넣었을까? 넣어보고 싶어도 아니라고, 얼굴 봤으니 이제 됐다고, 겸연쩍은 얼굴로 손사래치며 뒤로 물러서지 않았을까? 하지만, 이게 어디 대충 얼버무리고 지나갈 일인가? 온 세상에 나가 복음을 선포할 사도인데, 예수님의 부활을 직접 전해야 할 사도인데, 혹시라도 남게 될 한 톨의 의심마저 날려버려야 하지 않겠는가? 아마도 예수님은 의심쩍어하는 제자들에게 당신 상처를 보여주고 옆구리에 직접 손가락을 넣어보게 해서라도 예수님의 부활 사건을 생생하게 각인시키고 싶었을지 모른다. 실제로 카라바조의 그림을 보면, 예수님이 토마스의 손을 잡아 당신 상처로 끌어당긴 듯한 느낌을 지울 수가 없다.

예수님의 부활과 가짜뉴스

성경공부를 시작했다는 지인에게서 전화가 왔다. 아니, 예수님이 부활하고 나서 곧장 하늘로 올라가지 않고 40일씩이나 계셨다면서? 그렇게 오래 계셨으면, 동네 사람들이 예수님을 다 봤을 거 아냐? 유대인들은 보고도 안 믿었다는 거야? 그게, 그러니까, 모든 사람들에게 나타난 건 아니고, 제자들에게 주로 나타나셨다지, 아마⋯ 더듬더듬 대답을 하다 보니, 나도 투덜거리고 싶은 마음이 생겨났다. 아니, 그러게, 좀 많은 사람들 앞에 "짠!" 하고 나타나실 것이지, 빌라도나 수석 사제들 앞에 나타나 호통도 좀 치시고⋯ 지인의 질문이 이어졌다. 아니, 그래도 소문이 났을 거 아니냐고, 소문이? 우리는 뭐 직접 봤냐고? 2천 년 전 얘기를 지금껏 믿고 있는 거 아니냐고?

그렇지, 분명 소문이 났을 거다. 그러나 믿기 쉬운 일은 결코 아니었을 거다. 죽은 사람이 다시 살아났다니, 이게 어디 가당키나 한 말인가? 오죽하면 토마스 사도조차 예수님 손에 있는 못자국을 보고 옆구리에 손을 넣어보지 않고는 믿지 못하겠다고 했을까? 게다가, 예수님이 부활하셨음을 알고도 애써 진실을 외면하던 사람들도 있지 않았던가? 금과옥조처럼 지켜오던 신념과 권위를 송두리째 포기해야 겨우 받아들일 수 있는 무척이나 불편한 진실이었으니, 모든 사람들이 진실과 대면하지 않길, 대면하더라도 무시해주길 바랐으리라. 가짜뉴스도 그래서 퍼뜨린 것 아니겠는가? 예수님이 부활했다는 말은 거짓이고, 사실은 제자들이 예수님 시체를 훔쳐간 거라고… 아무래도 가짜뉴스가 더 쉽게 퍼져나가지 않았을까 싶다. 기존의 믿음이나 사고를 뒤흔들 필요가 없었을 테니까.

자베르의 독백과 장발장의 독백

뮤지컬《레 미제라블》을 본 후, 자베르 경감이 자살하기 직전에 부른 노래, 〈자베르의 독백〉이 두고두고 귓가에 맴돌았던 적이 있다. 법과 질서를 바로 세우겠다는 '선의'를 품고 죄인 장발장을 체포하려던 자베르. 하지만 혁명군에게 붙잡힌 그는 오히려 장발장의 도움으로 죽음을 모면한다. 죄인에게 생명의 빚을 지다니, 있을 수 없는 일이었다. 어디, 그뿐인가? 다시금 마주친 장 발장은 혁명에 참여했다가 심한 부상을 입어 혼수상태에 빠진 젊은이를 들쳐 업고 하수구를 빠져나간다. 악인이 온몸을 던져가며 선을 행하다니, 더더욱 있을 수 없는 일이었다. 불편하기 그지없는 진실에 부딪친 자베르는 멍하니 하늘을 바라보며 노래한다. "내가 알던 세상은 어둠 속으로 사라졌다. 이제 더 이상 나아갈 곳이 없구나!"

굳게 믿었던 신념의 둑이 무너지는 순간, 선택은 둘 중 하나가 아닐까 싶다. 힘겹고 불편하더라도 진실을 받아들이고 내면의 거센 소용돌이를 헤쳐 나가거나, 진실을 외면하고 내면의 소용돌이 따위는 거들떠보지도 않거나. 자베르는 이도 저도 택하지 못한 채 세느 강에 몸을 던진다. 자베르의 노래 직후에 터져 나오는 후주後奏는 이러지도 저러지도 못하다가 밖으로 분출해버린 자베르 내면의 소용돌이 같아 마음이 아릿해온다. 하필이면 '범죄자'를 통해 주어진 하느님의 자비, 이를 끌어안을 수도 부정할 수도 없었던 자베르. 어쩌면 그에게 자살은 양심을 지킬 수 있는 마지막 수단이었을지도 모른다.

선의를 따르다가 지옥 간다는 말이 있다. 좀 섬뜩하게 들릴 수도 있으나, 자베르의 삶을 가만히 들여다보면, 자베르의 선의가 대체 무슨 일을 한 걸까, 섬뜩해지긴 마찬가지다. 자신의 선의에 무한한 믿음을 갖고 자신이 하는 일을 의롭다고 여겼던 자베르. 모든 의무를 다했으니 자신은 의인이라며 성전에서 자신만만하게 감사기도를 올렸던 바리사이와 무엇이 다를까(루카 18,9-14). 그런데 결국 의롭게 된 사람은 스스로를 의인이라 여겼던 바리사이가 아니라, 스스로를 죄인이라 여겼던 세리가 아니었던가?

흥미로운 건, 〈자베르의 독백〉이 장발장의 노래 〈장발장의 독백〉과 같은 음악을 사용한다는 점이다. 은으로 만든 귀한 물건들을 훔쳐 도망가다가 경찰에게 붙잡힌 장발장. 주교는 장발장을 옹호해가며 훔친 물건에 은촛대까지 더해 장발장에게 선물로 준다. 죄의 대가를 치르기는커녕, 온갖 좋은 것을 거저 받은 장발장이 어찌할 바 모르며 부르는 노래가 바로 〈장발장의 독백〉이다. "그의 말 한 마디면 난 다시 채찍 아래에 있을 텐데. 내게 자유를 주다니, 부끄러움의 칼날이 나를 찌르는구나." 증오의 대상이라 믿었던 세상에서 처음으로 '자비'라는 선물을 받게 된 장발장. 그도 자베르 못지않은 내면의 소용돌이를 경험하지 않았을까? 말할 수 없는 비참함 속에서 켜켜이 쌓아놓은 미움과 분노가 갑자기 허망해지는 상황. 하지만 장발장은 혼돈의 소용돌이를 기꺼이 받아들이고 어둠의 굴레를 벗어던진다. 그래서일까, 〈장발장의 독백〉에는 〈자베르의 독백〉 끝에 붙어있는 격렬한 후주가 없다.

자베르와 장발장, 두 사람 모두 기존의 믿음과 사고가 뒤흔들린 건 예기치 않은 자비와 마주쳤을 때였다. 두 사람에게는 세상이 뒤집어지는 격랑의 시간이었겠으나, 사실은 하느님의 은총이 두 사람을 뒤덮은 시간이 아니었을까? 죽음을 모면하고 새로운 생명을 부여받았으니 말이다. 그래서 작곡가도 노래 전반부는 격랑의 시간을 표현하듯 급박하게 내지르는 음악으로, 후반부는 하느님의 은총을 표현하듯 평화롭고 아름다운 음악으로 채워주었으리라. 문제는 격랑의 시간을 견디며 내면의 소용돌이 한가운데를 헤엄쳐 나오려면, 옛 인간을 벗고 새 인간을 입어야 한다는 사실이다(에페 4,22-24). 자베르로서는 옛 인간을 벗기가 누구보다 힘들었을 게다. 자신은 하느님의 길을, 장발장은 어둠의 길을 걷는 사람이라 확신하고 있었으니 말이다. 장발장도 쉽지는 않았을 것 같다. 옛 인간을 벗고 새 인간을 입는 일이 어디 한 순간에 완성되는 일이던가? 〈장발장의 독백〉을 노래한 후 장발장은 완전히 새로운 사람이 되어 무대에 등장하긴 하지만, 그 이후의 삶도 결코 녹록치 않았음을 우리는 알고 있지 않은가?

옛 인간과 새 인간

미국에서 참례한 부활성야미사에는 늘 세례식이 있었다. 견진성사와 첫영성체까지 진행되는 경우도 있어 다섯 시간을 훌쩍 넘기곤 했는데, 그 시간이 별로 지루하지 않았다. 오히려, 검은 옷을 입고 물속에 완전히 잠겨 세례를 받은 새 신자들이 흰 옷으로 갈아입고 등장하는 모습을 바라보고 있노라면, 옛 인간을 벗고 새 인간을 입는 은총을 눈으로 확인하는 것 같아 잔잔한 설렘과 감동이 밀려오곤 했다. 새 신자들을 위한 진심 어린 기도도 절로 우러나왔다. 세례식 때 입은 새 인간이 결코 완성된 상태가 아님을, 앞으로 끊임없이 보듬고 관리하고 키워나가야 하는, 말하자면 진행 중의 상태임을 알기에. 뿐만 아니라, 새 인간의 그 끊임없는 여정 중에는 세례식 때 맛본 벅찬 감동이 흔적도 없이 사라지는 경우도 생길 수 있음을 알기에.

사람에게서 나간 더러운 영이 쉴 곳을 찾지 못하면 다시 있던 곳으로 돌아간다는 성경 구절(마태 12,43-45; 루카 11,24-26)을 읽고 화들짝 놀랐던 기억이 있다. 그것도 혼자가 아니라 더 악한 영 일곱을 데리고 온다니, 뭐 이런 말도 안 되는 소리가 다 있나 싶었다. 분명 세례 때 새 인간을 입는다 하지 않았던가? 그리스도를 입는다 하지 않았던가? 그리스도를 입었는데 어떻게 악한 영이

들어온단 말인가? 차라리 더러운 영 하나가 낫지, 더 악한 영 일곱까지 데리고 살려고 세례를 받았나, 억울한 생각도 들었다. 그런데, 더러운 영이 악한 영 일곱까지 데려온 건 있던 곳이 말끔하게 치워져 있었기 때문이라 했다. 더러운 영만 치워져 있었던 것이 아니라, 새로 입은 그리스도까지 치워져 있었던 거다. 그곳이 하느님의 영으로 채워져 있었다면, 더러운 영이 감히 돌아올 마음을 품을 수 있었을까? 마음이 가난한 사람이 행복한 건, 가난한 마음에 하느님으로 채울 수 있어 행복한 것이지, 텅 빈 상태로 행복하단 뜻은 아닐 것이다. 그러니까 세례 때 입은 새 인간을 제대로 관리하지 않으면, 하느님의 영으로 우리 마음을 늘 채워놓지 않으면, 언제든 악한 영에게 자리를 내주게 된다는 뜻이 된다. 자연이 진공을 허용하지 않듯, 우리 마음도 공백을 허용하지 않는 모양이다.

부활의 빛, 부활의 길

빛의 예식과 함께 부활성야미사가 시작되면 어둠 속에서 어슴푸레 부활초가 모습을 드러내고, 부활초의 빛은 한 사람 한 사람에게 서서히 번져가며 어둠을 밀어낸다. 어둠과 싸워 이길 방법은 없다. 빛을 밝혀 어둠이 스스로 물러나게 할 수 있을 뿐. 내가 여전히 어둠 속에 있을지라도 번져오는 부활의 빛으로 시선을 돌리는 순간, 저 빛이 곧 내게로 오겠거니, 믿고 희망하게 된다. 그것만으로도 어둠은 서둘러 도망갈 채비를 한다는 사실을 우리는 종종 경험하지 않던가.

솔직히 난 예수님의 부활이 그리 놀랍게 느껴지지 않는다. 하느님과 본성이 같으신 분이 부활하지 않는다면 그게 더 이상한 일일 테니 말이다. 그래서 토마스 사도 이야기를 들을 때면, 내가 믿음이 더 좋은 것 같다며 장난스럽게 그의 옆구리를 쿡 찌르고 싶어진다. 물론, 내가 그 시대에 살았다면, 사도들의 말을 듣고 예수님의 부활을 믿을 수 있었을까, 상당히 의심스럽지만 말이다. 그런데 진짜 중요한 문제는 그 다음이다. 부활하신 예수님을 만나고 성령을 받은 후 사도들이 어떻게 변화되었는지는 사도행전에 자세히 기록되어 있는 바, 그걸 읽고 있으면 농담으로라도 내가 사도들보다 믿음이 좋단 말을 감히 꺼낼 수조차 없다. 사도들이 걸었던 길은 부활의 길 자체였으니까. 아마 그래서 부활시기 내내 미사 독서로 사도행전을 읽는 모양이다.

예수님에게 부활 사건은 삶의 자연스런 결과물이었겠지만, 인간인 우리에게는 부활의 길을 걷게 해주는 힘의 원천이 아닐까 싶다. 어쩌면 예수님은 당신 부활이 스포트라이트를 받기보다, 우리들이 앞으로 걸어갈 부활의 길에 힘을 실어주고 싶었을지 모른다. 그래서 공생활 때와는 달리 제자들과 늘 함께 계시지도 않고, 필요한 순간에 나타났다가 예수님 부활에 대한 제자들의 믿음이 확인되면 슬그머니 사라졌던 것이 아닐까? 이제는 보이지 않아도 예수님이 늘 함께 계심을 제자들이 믿어 주리라 생각했기에. 이제는 제자들을 전면에 내세워 세상에 내보낼 수 있겠다 생각했기에.

아무것도 모를 당시 나의 롤모델은 야심차게도 예수님이었다. 예수님을 따르기로 했으니 당연한 거라 생각했지만, 현실성이 전혀 없음을 곧 깨달아버렸다. 그래서 예수님은 '천상의 롤모델'로 이름 붙이고, '지상의 롤모델'을 따로 찾았다. 성모님이었다. 이 또한 만만치 않았다. 아무리 봐도 성모님의 흠결을 찾을 수 없었다. 결정적으로 '무염시태'라는 말마디도 어려운 교리까지 알고 나서는, 성모님도 결국 출생성분이 우리와 달랐구나, 옅은 한숨을 내쉬며 성모님 역시 '천상의 롤모델'로 간주해버렸다.

다음으로는 출생성분이 나와 완전히 동일한 사람들을 찾았다. 베드로 사도가 보였고, 토마스 사도가 보였다. 물론, 이때 눈에 들어온 사도들은 사도행전의 사도들이 아닌, 예수님의 공생활을 함께 하며 좌충우돌 하던 사도들이었다. 다른 건 몰라도 예수님에게 매료되어 뭣도 모른 채 일단 따라가려는 마음과 좌충우돌을 마다 않는 자세만큼은 사도들에게 뒤지지 않을 자신이 있었다. 나중에서야 사도행전에 등장하는 사도들의 모습을 보며 또 다시 멈칫하긴 했지만, '지상의 롤모델'로 사도들까지 포기하지는 않기로 했다. 예수님이 부활하신 이유가 바로 사도들이 걸었던 부활의 길을 우리도 걷길 바라셨기 때문일 테니까. 내가 지금 당장 사도들의 변화된 모습을 닮지 못할지라도 부활의 힘을 믿고 희망하며 부활의 길을 묵묵히 걸어갈 수는 있을 테니까. 부활은 그런 거니까.

엘가 《사도들》
Edward Elgar (1857-1934) : The Apostles (1903)

영국의 낭만주의 작곡가. 영국으로서는 초기 바로크 시대의 음악가 헨리 퍼셀 이후 약 3백년 만에 배출한 자랑스런 자국의 음악가. 바이올린 소품 〈사랑의 인사〉, 관현악곡 〈위풍당당 행진곡〉 등 대중적인 클래식 히트곡으로 유명하다.

- 무덤에서
- 승천

빅토리아 시대로 잘 알려진 19세기 영국. '해가 지지 않는 나라'라는 명성답게 광대한 영토를 식민지로 만들어가며 유례없는 번영을 누렸으나, 단 한 가지, '음악성 없는 나라'라는 낙인은 지울 수가 없었다. 그도 그럴 것이 헨델 이후 백 년이 넘도록 이렇다 할 작곡가가 영국에서 탄생한 적이 없었기 때문이다. 엄격히 따지고 보면 헨델도 영국 작곡가라고 내세우기가 좀 껄끄러운 면이 있었다. 영국에서 주로 활동했고 영국 시민권까지 취득했으나, 헨델이 독일 출신이라는 건 누구나 아는 사실이었기 때문이다. 하지만 영국 음악에서 헨델까지 제외하면 그야말로 17세기의 헨리 퍼셀 이후로 내세울 음악가가 전무했기에, 헨델 음악이 왜 영국적인지를 강조하며 헨델의 정체성 논란을 잠재우곤 했다. 실제로 영국에서 헨델의 위상은 타의 추종을 불허했다. 헨델 사후에도 헨델 음악은 끊임없이 무대에 올랐고, 특히《메시아》공연은 영국의 종교의식으로 여겨질 정도였다.

'음악성 없는 나라'라는 치욕을 씻기 위해 '음악 르네상스'라는 기치를 내걸고 음악 부흥 운동을 일으켰을 때에도 그 중심에는 헨델이 있었다. 19세기 중반에 시작된 헨델 페스티벌에는 수천 명으로 이루어진 합창단과 수백 명으로 이루어진 오케스트라가 무대에 올랐고, 영국은 이런 대규모 음악회로 영국인의 음악성을 입증하려 했다. 하지만 연주만으로 음악성을 입증할 수는 없는 일이었다. 영국인이 그토록 좋아했던 오라토리오 장르조차 헨델을 제외하면 독일이나 프랑스 작곡가의 음악을 가져와 공연하기 일쑤였으니 말이다. 게다가 대규모 음악회를 주로 기획하다 보니 아마추어 연주자들에게 상당 부분 의지해야 했고, 공연 수준은 떨어질 수밖에 없었다. 뭔가 새로운 바람이 필요했다. 무엇보다 유럽 전역에서 인정받을 만한 영국인 작곡가의 탄생이 절실할 때였다.

《사도들》을 작곡한 20세기의 사도 음악가

새로운 바람은 예기치 않은 곳에서 불어왔다. 신분의 격차가 현저하던 빅토리아 시대에 상점 직원의 아들로 태어나 정규 음악교육의 기회를 한 번도 얻지 못했던 에드워드 엘가가 바로 그 주인공이었다. 당시 음악 부흥 운동의 열기에 힘입어 정규 음악교육을 받은 작곡가들이 속속 신작을 발표하고는 있었으나, 새로운 바람을 일으키기에는 여전히 역부족인 상태였다. 오히려, 자국의 음악교육 시스템에서 완전히 소외되고 경제적 여건도 어려워 그토록 가고 싶었던 독일에도 가지 못해 독학으로 작곡법을 익힌 엘가, 게다가 성공회가 국교인 영국에서 가톨릭 신앙을 고수하며 스스로를 아웃사이더로 규정하던 엘가, 그런 그가 땅에 떨어진 영국 음악의 자존심을 회복시킬 구원투수로 등장했으니, 정규교육을 받았던 엘리트 음악가들에게는 자존심 상할 일이었을지도 모르겠다.

"예수님의 부름을 받았을 당시 사도들은 가난한 젊은이들이었어요. 성령을 받기 전까지는 지금의 여러분보다 더 똑똑하지도 않았을 걸요." 수업 중에 선생님이 던진 이 말이 소년 엘가의 마음속에 깊이 새겨진 건, 보잘 것 없어 보이는 사도들에게 자신의 처지가 투사되었기 때문이리라. 그러니까 엘가가 45세에 완성한 오라토리오 《사도들》은 이때부터 시작된, 약 30년 세월의 프로젝트라 해도 과언이 아닐 것 같다. 실제로 엘가는 사도들을 주제로 한 음악을 구상하며 틈틈이 성경 구절을 모아 스스로 대본까지 준비하는 열의를 보였다. 예수님이 사도들을 부르는 장면부터 예수님의 승천까지(7부로 구성), 엘가는 복음서의 내용을 기반으로 하되, 그 외에도 신구약을 총망라하여 적절한 구절들을 퀼트처럼 엮어 《사도들》의 대본을 완성했다.

처음 이 음악을 들을 때 곡 전체를 끝까지 집중해서 듣기가 쉽지 않았던 것도 이 때문이었다. 대본에 쓰인 성경 구절을 찾아보느라 음악 중간 중간에 성경책을 뒤적거리다가 아예 성경 읽기에 몰두해버리는 일이 다반사였으니 말이다. 혹시 성경공부를 시킬 작정으로 만든 음악은 아닐까, 일부러 엘가의 초상화를 찾아 의심의 눈초리로 뚫어져라 쳐다본 적도 있다. 덕분에 맨송맨송 지나쳤던 구약의 구절들이 살아 움직이는 행복한 기적을 체험하긴 했지만.

《사도들》에 이어 엘가는 3년 뒤 《왕국》을 작곡했다. 예수님의 승천 이후 성령강림과 초대교회의 모습을 그려낸, 일종의 속편이었다. 그러니까, 《사도들》과 《왕국》은 루카가 두 권으로 나누어 집필한 루카복음과 사도행전의 음악 버전으로 봐도 무방할 것 같다. 원래 엘가는 《최후의 심판》까지 포함한 삼부작을 구상했으나, 세 번째 작품은 실행에 옮기지 못했다. 작곡가로서는 아쉬움이 남았을 수 있으나, 《사도들》보다 앞서 작곡된 《제론티우스의 꿈》 덕분에 엘가 음악 애호가들은 미완성 삼부작의 아쉬움을 크게 느끼지 않는 것 같다(헨리 뉴먼 추기경의 시詩에 붙인 음악으로, 하느님을 충실히 따르던 한 노인이 지상 순례를 끝내고 천상으로 여행을 떠나는 이야기이다. 《사도들》《왕국》보다 대중적 인기가 높은 편이다).

사실, 《사도들》이 엘가의 대표작으로 소개되는 경우는 극히 드물다. 사순이나 부활 음악으로 추천 받는 경우도 흔치 않다. 그럼에도 불구하고 나만의 사순·부활 음악 목록에 《사도들》을 넣어두는 건 사도들과 엘가에 대한 애정 때문이지 싶다. 천방지축 열정이 넘쳐나던 사도들에 대한 공감 어린 애정, 예수님 승천 이후 당당하게 부활의 길을 걸었던 사도들에 대한 질투 섞인 애정, 그런 사도들의 발걸음을 뒤쫓으며 사도들과 예수님과 천사들의 목소리를 지상에서 구현해준 엘가에 대한 존경 어린 애정, 이런 것들 말이다.

무덤에서

바흐보다 한 세기 앞서 활동한 독일 작곡가 하인리히 쉬츠의

《부활 이야기》와 바흐의《부활 오라토리오》에서는 예수님이 어디 계신지 말해달라고 다그치는 마리아 막달레나의 단호한 목소리가 울려 퍼진다. 그만큼 마리아 막달레나는 예수님의 부활 이야기에서 빠뜨릴 수 없는 인물이다. 그런데 엘가가《사도들》에서 묘사한 예수님의 빈 무덤 장면에는 마리아 막달레나도, 예수님도, 열두 사도 중 어느 누구도 등장하지 않는다. 천사들의 아름다운 합창만 아련하게 들려올 뿐이다.

알렐루야!
어찌하여 살아 계신 분을 죽은 이들 가운데에서 찾고 있느냐?
그분께서는 여기에 계시지 않는다. 되살아나셨다. (루카 24,5-6)
보아라, 여기가 그분을 모셨던 곳이다.
그러니 가서 제자들과 베드로에게 이렇게 일러라.
"예수님께서는 전에 여러분에게 말씀하신 대로
여러분보다 먼저 갈릴래아로 가실 터이니,
여러분은 그분을 거기에서 뵙게 될 것입니다." (마르코 16,6-7)
알렐루야!

제5장. 예수님의 사랑과 자비로 **195**

Alleluia!

Why seek ye the living among the dead?

He is not here, but is risen.

Behold the place where they laid Him.

Go, tell His disciples and Peter

that He goeth before you into Galilee:

there shall ye see Him, as He said unto you.

Alleluia!

좀 엉뚱한 불만일 수 있으나, 위 구절을 우리말로 읽을 때면 천사의 말투가 종종 거슬리곤 한다. 마리아 막달레나에게는 반말을 쓰면서 제자들과 베드로에게 전할 말은 존댓말이라니… 천사가 정말로 그랬을 리는 없겠지만, 이 아름다운 장면이 부드럽게 읽히지 않는 건 어쩔 수 없는 일이다. 그래서 이 부분은 영어로 읽는 것이 오히려 마음 편할 때가 많다. 성경에 나오는 예수님 말씀도 가만 살펴보면, 반말을 썼을 것 같진 않은데, 싶을 때가 많다. 오히려 존중과 배려를 담아 예의 바른 존댓말로 모든 사람들에게 다가가지 않았을까? 상처를 가득 안고 온 사람들이 대뜸 반말을 해대는 예수님에게 어떻게 마음을 열 수 있었겠는가. 세상 사람들이 모두 손가락질해도 예수님만큼은 사랑과 존중으로 대해준다는 걸 알기에 무작정 예수님을 따라나서지 않았겠는가. 그런 예수님이 죽음을 당하고 무덤에 묻혔으니, 예수님을 의지하며 따르던 사람들의 마음이 어땠을지 짐작하기란 어렵지 않을 것 같다. 그중에서도 예수님이 일곱 마귀를 쫓아내줬다는 마리아 막달레나, 오죽하면 바로 다음날 무덤으로 달려갔을까. 그런데 예수님은 보이지 않으니, 예수님을 어디에 두었는지 말해달라는 마리아 막달레나의 호소가 대부분 빠른 음악으로 다그치듯 표현될 수밖에.

천사들의 신비로운 합창, 알렐루야~

사실, 엘가만큼 마리아 막달레나를 중요하게 묘사한 음악가도 별로 없을 것 같다. 《사도들》 대본을 들여다보면 마리아 막달레나가 열두 사도와 거의 동일선상에 있는 것처럼 보일 정도니 말이다. 그럼에도 불구하고 엘가는 예수님의 빈 무덤에 마리아 막달레나를 등장시키지 않는다. 유일하게 등장하는 천사들도 환호성을 올리며 예수님 부활을 찬양하지 않는다. "아-알-렐-루-우-우-야" 들릴 듯 말 듯, 조용하지만 확신에 찬 목소리로 예수님의 부활을 전해줄 뿐이다. 저절로 믿음이 생겨나는 아우라 강한 목소리, 진짜 천사들의 신비로운 목소리를 듣는 듯하다. 그래서일까, 음악을 듣다 보면 천사들이 내 앞에 나타나 예수님의 부활 소식을 전해주는 듯한, 기분 좋은 착각에 빠지게 된다(엘가가 노린 게 이런 것이었을까?). 아니 뭐, 착각이 아닐 수도 있지 않을까? 하느님이 천사들을 명하시어 우리 가는 길을 지키게 하셨다는데, 노래쯤이야 서비스로 불러줄 수도 있는 일이지… 이러다가 예수님까지 나타나 마리아 막달레나의 이름을 불러준 것처럼 내 이름도 불러주면 어쩌나… 그러면, "레지나!" "라뿌니!" 이런 감동적인 장면이 연출되는 건가… (운율도 잘 맞아 떨어지고…) 나도 모르게 흐뭇한 미소가 번지고 만다.

> 그분께서 당신 천사들에게 명령하시어
> 네 모든 길에서 너를 지키게 하시리라.
> 행여 네 발이 돌에 차일세라
> 그들이 손으로 너를 받쳐 주리라. (시편 91,11-12)

그렇다고 해서 천사들의 합창이 마냥 기분 좋은 착각만 불러일으키는 건 아니다. 영어 가사임에도 불구하고 유독 귀에 잘 들어오는 두 개의 구절 - "He is not here그분께서는 여기에 계시지 않는다"

와 "There shall ye see Him여러분은 그분을 거기에서 뵙게 될 것이다" - 때문인 것 같다. 혹시 나도 빈 무덤에서 예수님을 찾고 있는 건 아닐까, 예수님을 만났다고 생각했는데 어느 순간 슬금슬금 다시 빈 무덤으로 돌아가 서성거리고 있는 건 아닐까, 움찔할 때가 간혹 있으니 말이다. 그러고 보면, 천사들이 우리 가는 길을 지킨다는 건, 단순히 우리가 다치지 않게 보호하기 위함이라기보다(물론, 그런 경험도 있긴 있지만…), 우리가 부활 여정에서 방향을 잘못 잡지 않도록, 설령 방향을 잘못 잡았다 해도 예수님 계신 곳으로 다시금 발걸음을 뗄 수 있도록, 길잡이 역할을 하기 위함이 아닐까 싶다. 물론, 장발장처럼 천사를 알아보고 방향을 완전히 돌릴 수도, 자베르처럼 천사를 알아보지 못해 완전히 길을 잃을 수도 있겠지만 말이다.

천사들이 나타나 예수님 무덤에 있는 돌을 치웠을 때도, 마리아 막달레나와 다른 여인들은 멀쩡했는데, 무덤을 지키던 경비병들은 그 자리에서 까무러쳤다고 하지 않았던가(마태 28,1-4). 상상만 해도 웃음이 나오는 장면이다. 허우대도 멀끔했을 경비병들이 천사를 보고 두려워 떨다가 까무러치다니. 창피해서라도 천사를 봤단 얘기는 꺼내지도 못하고, 수석사제들에게 돈도 받았겠다, 제자들이 예수님을 훔쳐갔다며 더 적극적으로 가짜뉴스를 퍼뜨렸을지 모를 일이다. 자신들의 행동이 어떤 파급효과를 가져올지는 짐작조차 못한 채.

우리의 부활 여정이 녹록치 않은 건 늘 경비병들을 맞닥뜨려야 하는 지상생활의 여건 때문인 것 같기도 하다. 은근슬쩍 예수님을 외면하게 만드는 내면의 경비병들은 물론이거니와 올바른 판단과 식별을 방해하려고 전력투구하는 외부의 수많은 경비병들, 이들을 그때그때 제대로 대적하지 않으면 아예 나 자신이 경비병이 될 수도 있는 여건. 그래서 예수님은 시도 때도 없이 우리에게 깨어있으라고 당부하신 모양이다. 늘 깨어있기란 결코 쉽지 않은 도전임을 명심하라는 경고 같기도 하고. 실제로, 깨어있다고 믿었던 사람이 어느 순간 경비병이 되어 있는 모습을 보며 망연자실했던 경험도 있지 않던가. 물론 당사자는 항변할지 모른다. 난 변한 것이 없는데, 내 신념을 올곧이 지켰을 뿐인데, 무엇이 문제냐고. 헌데, 깨어있으라는 예수님 말씀이 설마 자신의 틀을 고집스럽게 유지하라는 뜻이었을까? 끊임없이 자신의 틀을 깨고 하느님을 닮아가라는 것, 하느님 마음에 드는 일을 선택하고 그에 반하는 일은 거부하라는 것, 그것이 깨어있으라는 말의 뜻이지 않았을까? 이를 미처 깨닫지 못했거나, 깨어있기가 두렵거나 귀찮아서 알고도 실행에 옮기지 않았거나, 둘 다 깨어있지 못한 건 마찬가지다. 깨어있지 않으니 자신이 경비병이 되어 버린 사실조차 알지 못할 테고.

> 새 인간은 자기를 창조하신 분의 모상에 따라
> 끊임없이 새로워지면서 참지식에 이르게 됩니다. (콜로 3,10)

언젠가 지인에게서 이런 말을 들은 적이 있다. 악의 세력이 판치는 세상에서 교회는 무조건 용서하고 받아들이라는 말만 반복한다고. 내세를 믿는 종교인 건 알겠으나, 지금 이 세상에서 정의를 실현하기 위해 대체 교회가 한 일이 뭐냐고. 서로 사랑하라는 말은 정해진 범위 안에 있는 사람들에게만 해당되는 말이냐고. 당시 지인의 비판은 지극히 타당해 보였기에 난 아무 말도 하지 못했다. 지금도 지인의 질문에 맞서 교회를 변호하고 싶은 마음은 별로 없다. 교회가 악의 세력을 제어하기 위해 아무것도 하지 않았다는 지인의 말에 동의해서가 아니라, 악의 세력이 두려워 떨 만큼 충분한 빛을 교회가 밝히지 못했다는 반성 때문이다. 선한 영과 악한 영의 움직임을 식별했을지는 모르나, 선한 영의 움직임을 선택하고 악한 영의 움직임을 거부하는 데 보다 적극적이지 못했다는 반성 때문이다.

"거기서" 뵙게 될 예수님

 천사들의 합창을 들으며 예수님은 여기 계시지 않는다는 말에 움찔했다가 그나마 희망을 다시 품게 되는 건, 어쨌거나 예수님을 다시 뵙게 될 거라는 천사들의 전언 때문이 아닐까 싶다. 실제로 3분 남짓한 음악을 다 듣고 나면, 예수님이 계시지 않는다는 말 He is not here 보다 예수님을 뵙게 될 것이라는 말 There shall ye see Him 이 더 깊이 뇌리에 박히게 된다. 엘가에게 고마운 마음이 드는 것도 이 때문이다. 천사들과의 직접적인 만남을 주선해줄 뿐 아니라, 빈 무덤에서라도 예수님을 찾아 헤매면 예수님을 찾을 수 있다는 희망을 불어넣어주니 말이다.

 늘 깨어있으면서 하느님 마음에 드는 일만 선택하고 산다면 이미 성인이 되어 있을 터. 다른 건 몰라도 내 한계를 쿨하게 인정하는 자질 덕분에 성인을 꿈꿔본 적은 없다. 하지만, 깨어있지 못함을 인지하는 능력, 몇 번이고 다시금 예수님을 찾아 헤매는 능력만큼은 내게도 주어진 은총임을 믿어 의심치 않는다. 그렇게 낙심하지 않고 늘 예수님을 찾다 보면 부활의 길이 열리지 않을까, 매번 처음부터 다시 시작하는 것 같지만 반복할 때마다 시작점은 조금씩 하느님 곁으로 옮겨져 있지 않을까, 이런 희망만큼은 결코 포기하고 싶지 않다.

당신 손에 있는 이 상처들은 어찌 된 것이오?

예수님의 부활 장면(6부: 무덤에서)에 마리아 막달레나는 물론, 예수님까지 등장시키지 않은 것이 마음에 걸렸던지, 엘가는《사도들》의 마지막을 장식하는 부분(7부: 승천)에서 예수님을 쐐나 길게 등장시킨다. 《사도들》 가운데 예수님이 가장 돋보이는 부분이다. 예수님의 수난 부분에서조차 예수님 말씀을 거의 전하지 않은 엘가도 부활 이후 지상에서 남긴 마지막 말씀은 빠뜨릴 수 없었던 모양이다. 하지만 엘가가 보다 심혈을 기울인 부분은 아무래도 예수님이 승천하신 후 들려오는 합창, 그 중에서도 예수님의 수난을 상기시키는 천사들의 합창부터가 아닐까 싶다.

당신 손에 있는 이 상처들은 어찌 된 것이오?
내 친구들의 집에서 입은 상처요. (즈카 13,6)
그들은 가시나무로 관을 엮어 그분 머리에 씌우고 조롱하였다.
그분께 침을 뱉고 갈대로 그분의 머리를 때리고,
십자가에 못 박았다. (마태 27,29-31)
알렐루야!

What are these wounds in Thine hands?

Those with which I was wounded

in the house of My friends.

They platted a crown of thorns,

and put it about His head,

they mocked Him,

they spat upon Him,

they smote Him with a reed,

they crucified Him.

Alleluia!

즈카르야서의 구절은 어찌 보면 뜬금없어 보일 수도 있다. 원래 예수님을 의미하는 구절이 아니었으니 말이다. 성경 원문도 "당신 손에 있는 이 상처들"이 아니라 "당신 가슴에 있는 이 상처들"이다. 예수님을 지칭하기 위해 엘가가 "가슴"을 "손"으로 바꾸어 놓은 거다. 이런 식으로 단어 한두 개를 살짝 바꿔 사용한 성경 구절들이 꽤 있다. 아마 그래서 엘가가 이 작품을 발표했을 당시 대본을 비판한 신학자들도 있었던 모양이다. 하지만 나처럼 구약성경이 익숙지 않은 사람들에게는 크게 문제 될 것이 없다.

오히려 효과가 배가되기도 하고, 평소 들쳐보지도 않던 즈카르야서를 찾아 읽게 만드는 미끼가 되기도 한다.

승천하시는 예수님을 상상하는 와중에 갑자기 나지막한 목소리가 들려온다고 생각해보라. "당신 손에 있는 이 상처들은 어찌 된 것이오?" "내 친구들의 집에서 입은 상처요." 가슴이 덜컥 내려앉다못해 당장 무릎을 꿇고 머리를 조아려야 할 것만 같다. 이 상황을 피하고자 괜히 성경책을 뒤지기도 한다. 이쯤 되면 원래 맥락에서 벗어난 게 무슨 문제일까. 엘가는 대본이 반드시 성경 구절로만 이루어져야 한다고 믿었고, 자신이 표현하고 싶었던 내용을 성경 구석구석에서 찾아냈다. 엘가의 노력에 고개가 숙여질 뿐이다.

천상과 지상의 만남

의도적인 건지 실수인지는 모르겠으나, 예수님의 승천을 언급할 때 가끔 등장하는 유명한 그림이 있다. 라파엘로의 〈그리스도의 변모〉(그림 2). 윗부분의 예수님만 보면 구름을 배경으로 공중에 떠 있는 모습이 흡사 승천하시는 모습으로 보이긴 한다. 하지만 예수님 양 옆에서 같이 공중부양 하고 있는 엘리야와 모세, 땅 위에 쓰러져 있는 베드로와 야고보와 요한을 보면 승천 장면

이 아님은 확실하다. 게다가 그림 아래쪽에는 더러운 영에 사로잡힌 아이를 둘러싸고 혼란에 빠져 있는 사람들이 보인다. 예수님이 거룩한 변모 이후 산에서 내려와 만나게 될 사람들이다. 이렇듯 예수님의 승천이 아닌 거룩한 변모를 묘사한 그림이라는 것이 분명한데도, 윗부분만 따로 떼어내어 예수님의 승천과 연결시키는 걸 보면서, 마땅한 승천 그림이 없나보다 싶었었다. 적어도 이 그림을 직접 보기 전에는 그렇게 생각했었다.

그런데 처음이자 마지막일 것 같은 로마 여행 중에 마주친 이 그림, 그 안에서 나 역시 영광에 싸인 예수님, 승천하시는 예수님을 만났다. 지상 순례를 잘 마치고 천상에서 예수님과 만난다면 이런 느낌이 아닐까 싶을 정도의 충격과 감동… 이래서 사람들이 그림 원본을 보려고 기를 쓰며 멀리까지 가나보다 싶었다. 어쩌면 라파엘로도 예수님의 승천을 염두에 두고 이 그림을 그렸을지 모르겠다. 다만, 영광에 싸인 예수님을 바라보느라 깜빡하기 쉬운 십자가 죽음도 암시하고 싶었을 테고(루카 9,31), 천상의 예수님을 바라보느라 깜빡하기 쉬운 지상의 온갖 혼란과 고통도 함께 보여주고 싶지 않았을까. 그런 의도라면 거룩한 변모보다 더 적합한 사건은 없었을 것 같다. 십자가 수난과 부활의 영광, 지상과 천상이 한 공간에서 어우러진 보기 드문 사건이었으니까.

그림2. 라파엘로의 〈그리스도의 변모〉

베드로와 야고보와 요한도 승천하시는 예수님을 바라보며 거룩한 변모 사건을 떠올리지 않았을까?

사실 난 아직도 부활대축일 미사 중에 건네는 기쁨의 인사가 낯설게 느껴질 때가 많다. 40일 동안 사순시기를 보내고 바로 전날에는 예수님의 십자가 죽음을 묵상하며 단식까지 했는데, 하루아침에 예수님이 부활했다며 축하의 환호성을 올리다니, 감정의 전환이 빠르지 않은 내게는 쉽지 않은 일이다. 엘가도 같은 심정이었던 걸까? 그래서 예수님의 부활 직후에도 떠들썩하지 않은 합창을 들려주고, 예수님의 승천 장면에는 즈카르야서를 빌려서라도 십자가를 언급했던 걸까? 사순시기에도 예수님께 희망을 두며 기뻐하듯, 부활시기에도 예수님의 십자가 죽음을 잊지 말라는 뜻에서? 그러고 보면 사순은 부활을, 부활은 사순을 품고 있는지도 모르겠다. 천상과 지상도 늘 만나고 있을지 모르겠다. 라파엘로의 그림처럼.

천사들과 사도들의 신비로운 합창, 알렐루야~

한 마음과 한 길을 주소서. (예레 32,39)
당신 빛으로 저희는 빛을 봅니다. (시편 36,9)

그들이 와서 태어날 백성에게 그분의 의로움을 알리리니

주님께서 이를 행하셨기 때문입니다. (시편 22,31)

Give us one heart, and one way,

In Thy light shall we see light.

They shall come,

and shall declare His righteousness

unto a people that shall be born,

that He hath done this.

천사들이 예수님의 수난과 죽음을 상기시키고 나면 지상에 있던 사도들이 마리아 막달레나, 성모님과 함께 마음을 모아 노래를 시작한다. 역시 구약성경 중에서 엘가가 취사선택한 구절들이다. 그런데 이제부터는 가사가 그리 중요하지 않다. 천상의 합창과 지상의 합창이 한데 어우러져 어차피 가사는 잘 들리지 않기 때문이다. 지상의 사도들도 각기 나름대로의 노래를 불러 대는 바람에 누가 어느 가사로 노래하는지조차 가늠하기 힘들어진다. 영어가 아닌 한국어 가사라 해도 들리지 않기는 매한가지일 것이다.

물론, 사도행전을 읽어보면 사도들이 승천하시는 예수님을 바라보며 찬미의 노래를 불렀을 것 같지는 않다. 예수님의 변모가 아닌, 진짜 예수님의 승천을 그려낸 렘브란트의 〈그리스도의 승천〉에도 지상 사람들은 놀라움과 두려움이 뒤섞인 표정으로 뒤로 넘어질 것 같은 자세를 취하고 있지 않던가. 배경도 어둡기 그지없다. 빛은 예수님께만 비춰져 있고, 천사들도 예수님 발밑에 거의 대롱대롱 매달려 있는 것이, 아름다운 합창을 노래할 상황으로는 보이지 않는다. 엘가가 상상한 예수님의 승천은 렘브란트 그림과는 확연히 달랐던 것 같다. 천상과 지상이 빛과 어둠으로 구분되는 것이 아니라 빛 안에서 한데 어우러지는 광경, 예수님이 우리를 위해 지상으로 내려왔듯 우리도 예수님처럼 하늘로 올라갈 수 있다는 희망을 확인할 수 있는 광경, 이런 걸 음악으로 그려내고 싶었으리라. 그렇게 찬미의 노래를 부르며 우리를 구원하신 예수님의 사랑에 무한한 감사를 드리고 싶었으리라.

> 당신의 사랑과 당신의 자비로 그들을 구원해 주셨다. (이사 63,9)
> In His love and in His pity He redeemed them.

《사도들》은 '알렐루야' 합창으로 끝을 맺는다. 예수님의 무덤

앞에 나타났던 천사들이 나지막하게 불렀던 바로 그 '알렐루야'다. 그런데 이번에는 지상 사람들도 천사들의 합창에 목소리를 더한다. 그러다가 마지막에는 성모님, 마리아 막달레나, 베드로, 요한이 '알렐루야' 위에 사중창을 살포시 겹쳐 놓는다. 여전히 천상과 지상이 한데 어우러지는 합창임에도 불구하고 이 구절만큼은 가사가 또렷하게 들린다. 특히 소프라노로 노래하는 성모님의 목소리가 도드라진다. "당신의 사랑과 당신의 자비로 그들을 구원해 주셨다." 아무리 반복하고 강조해도 충분치 않을 예수님의 사랑과 자비, 예수님이 십자가 수난과 죽음을 이겨내고 부활하신 이유가 이것 말고 또 뭐가 있을까? 우리가 예수님의 사랑과 자비를 온몸과 온 마음으로 찬미하며 감사 기도를 올릴 때 천상과 지상의 만남이 이루어진다는 것을 엘가는 음악으로 말하고 싶었던 것 아닐까? 그렇게 천상과 지상이 만나면 더 이상 장황하게 설명할 것도, 표현할 것도 없으리라. 천상과 지상의 피조물들이 한데 모여 '알렐루야'를 합창하는 것 외에는.

| 나오며 |

"그때에는 얼굴과 얼굴을 마주 볼 것입니다"

"천사의 말을 하는 사람도…"로 시작하는 성가, 너무나 익숙한 〈사랑의 송가〉(가톨릭성가 46번)다. 가사는 코린토1서 13장. 가톨릭은 물론 개신교에서도 자주 부르는 성가인데, 미사 중에 이 성가를 부를 때면 늘 아쉬움이 따른다. 내가 가장 좋아하는 가사는 3절에 나오는데, 매번 1절만 부르거나, 잘해야 2절까지 부르고 끝나기 때문이다. 아쉬운 마음에 집에 돌아오면 혼자 피아노를 치며 냅다 3절을 불러대곤 한다. 두세 번 부르고 나면 마음이 좀 풀어진다.

지금은 희미하게 보이나, 그때는 주님 마주 뵈오리.

하느님 나를 알고 계시듯, 우리도 주를 알리.

좋아하는 성가가 또 하나 있다. "주 예수 따르기로 나 약속했으니…"(가톨릭성가 29번). 다행히 이 노래는 1, 2절 가사도 좋아하는데, 그래도 내가 가장 좋아하는 3절은 미사 중에 부를 기회가 거의 없다. 이 성가도 미사 중에 부르게 되면 집에 와서 3절을 불러야 한다. 그래야 비로소 미사가 끝난 것 같다. 가끔 1, 2절은 건너뛰고 3절을 부르게 해주면 좋으련만.

저 영광 빛나는 곳 주 내게 보이니

그 아름다운 곳을 늘 사모합니다.

집에 돌아와 마무리 작업을 하지 않아도 되는, 1절만 불러도 아주 만족스러운 성가도 물론 있다. "암사슴이 시냇물을 찾듯이, 이 몸은 애타게 당신을 찾습니다"(가톨릭성가 58번). 시편 42장이다. "내 영혼이 생명의 주 하느님을, 시냇물을 그리는 암사슴 같이"(가톨릭성가 13번)도 시편 42장을 가사로 삼지만, 내가 대놓고 편애하는 성가는 58번이다. 같은 성서 구절의 청소년성가도 있다. "목마른 사슴 시냇물을 찾아 헤매이듯이, 내 영혼 주를 찾기에 애가 타나이다." 이 성가는 원래 좋아하기도 했지만, 언젠가 미사에서 내 피아노 반주를 들은 지인이 지나치듯 건넸던 칭찬, 언니의 〈목마른 사슴〉 연주는 어딘가 특별해, 이 한 마디에 더욱 좋아하게 된 성가이다. 실없어 보이긴 하지만, 뭐, 어쩔 수 없다. 어쨌거나, 58번 성가의 클라이맥스는 후반부다. 이 부분을 노래할 때면 나도 모르게 성당 천정을 향해 고개를 들거나, 제대 위 십자가에 매달려 계신 예수님을 바라보게 된다.

하느님, 생명을 주시는 나의 하느님, 당신이 그리워 목이 탑니다.
언제나 임 계신 데 이르러, 당신의 얼굴을 뵈오리이까.

예수님의 수난과 죽음에만 꽂혀 살던 내가 영광스런 하느님 모습까지 흠모하고 있다는 사실을 눈치챈 건, 이런 성가들 때문이 아니었을까 싶다. 지금은 노안도 오고 순발력도 떨어져 성가 반주를 꺼리게 되었지만, 한동안 시도 때도 없이, 심지어 하루에 두 번까지, 평일미사 반주를 하던 때가 있었다. 나름 젊었을 적 애기다. 어차피 매일미사를 하던 터라 기쁘게 맡은 일인데, 변변치 못한 피아노 실력까지 감안하면 가성비 최고의 봉사였다. 이왕이면 양질의 봉사를 하고 싶어 집에서 혼자 피아노를 치며 가톨릭성가, 청소년성가를 모두 훑기도 했다. 가사란 가사는 죄다 붙여 노래를 불러댔고, 덕분에 평소 만나기 힘든 가사까지 섭렵할 수 있었다. 새롭게 알게 된 가사 때문에 종종 심쿵해져서 갑자기 성경을 찾아 읽거나 기도에 빠져드는 일도 빈번했다. 의외의 수확이었다. 그토록 유명한, 너무나 유명해서 식상할 정도였던 코린토1서 13장을 마음에 새기게 된 것도 이때였던 것 같다. 〈사랑의 송가〉 3절 덕분이었다.

> 우리가 지금은 거울에 비친 모습처럼 어렴풋이 보지만
> 그때에는 얼굴과 얼굴을 마주 볼 것입니다.
> 내가 지금은 부분적으로 알지만
> 그때에는 하느님께서 나를 온전히 아시듯
> 나도 온전히 알게 될 것입니다. (1코린 13,12)

이 세상에 있는 한, 하느님을 마주 보게 될 일은 없을 텐데, 그런데도 하느님을 마주 보게 될 거란 말에 왜 이리 설레는지… 나이 80을 넘겼을 법한 아르헨티나의 탱고 음악가가 이런 말을 한 적이 있다. 좋은 탱고 연주를 듣고도 가슴이 뛰지 않으면 차라리

그 시간에 다른 걸 하는 게 낫다고. 오랜만에 한데 모인 나이 지긋한 탱고 연주자들은 천진난만한 아이들처럼 마냥 행복한 표정으로 그 분과 함께 연습을 하고 무대에 섰다. 이 과정을 담은 다큐멘터리를 수십 번 보았지만, 나 역시 볼 때마다 그 어르신들 못지않게 마음이 설레고 행복해진다. 나이가 들수록 설렘은 당연히 줄어드는 거라 생각했는데, 그분들은 오히려 얼굴에 패인 주름에 비례해서 탱고에 대한 설렘이 더 강해진 모양이었다.

설레는 마음을 가질 수 있다는 건 분명 행복한 일이다. 그분들과는 비교할 수 없을 정도로 미미하긴 하지만, 나 역시 음악에 대한 설렘이 아직 남아 있음에 감사한다. 그리고 무엇보다 하느님을 마주 보게 될 것이라는 말에 여전히 설렐 수 있음에 감사할 뿐이다. 언젠가 하느님과 얼굴을 마주하게 될 날을 희망하며, 선물로 받은 오늘 하루도 설레는 마음으로 보내고 싶다.

이 책에 수록된 음악 목록

브루흐 : 콜 니드라이 Bruch : Kol Nidrei

주케로 : 미제레레 Zucchero : Miserere

알레그리 : 미제레레 Allegri : Miserere

베르디 : 미제레레(오페라 《일 트로바토레》중에서) Verdi : Miserere from Il Trovatore

헨델 : 메시아 Handel : Messiah
- 보라, 하느님의 어린 양 *Behold the Lamb of God*
- 그는 멸시받고 배척당하였다 *He was despised and rejected of men*
- 분명 그는 우리의 병고를 메고 갔으며 *Surely he has borne our griefs and carried our sorrows*

바흐 : 마태수난곡 Bach : Matthew Passion
- 오라, 딸들아, 와서 나와 함께 슬퍼하자 *Kommt, ihr Töchter, helft mir klagen*
- 사랑의 예수여 *Herzliebster Jesu*
- 그것은 저입니다. 보속해야 하는 건 바로 저입니다 *Ich bin's, ich sollte büßen*
- 나 여기 당신 곁에 있으리다 *Ich will hier bei dir stehen*
- 불쌍히 여기소서! *Erbarme dich!*

- 어찌 이런 경악할 판결이 있단 말인가! *Wie wunderbarlich ist doch diese Strafe!*
- 저 분은 우리 모두에게 선한 일을 하셨습니다 *Er hat uns allen wohlgetan*
- 이제 주께서 안식에 드셨으니 *Nun ist der Herr zur Ruh gebracht*

프랑크 : 십자가 위 그리스도의 마지막 일곱 말씀 중 두 번째 말씀
Franck : Les Sept Paroles du Christ sur la Croix
- 너는 오늘 나와 함께 낙원에 있을 것이다 *Hodie mecum eris in paradiso*

하이든 : 십자가 위 그리스도의 마지막 일곱 말씀 중 다섯 번째 말씀
Haydn : Die sieben letzten Worte unseres Erlösers am Kreuze
- 목마르다 *I thirst. / Jesus rufet: Ach! mich dürstet!*

엘가 : 사도들 Elgar : Apostles
- 무덤에서 *At the Sepulchre*
- 승천 *Ascension*

QR코드와 모노폴리 홈페이지에서도
해당 음악을 유투브 영상으로 확인히실 수 있습니다.